超简单
拉伸速查手册

人人都可以找回身体松弛感

王雄 赵芮 —— 编著

人民邮电出版社
北京

图书在版编目（CIP）数据

超简单拉伸速查手册：人人都可以找回身体松弛感 /
王雄，赵芮编著. -- 北京：人民邮电出版社，2025.
ISBN 978-7-115-64928-7

Ⅰ. G883-62

中国国家版本馆CIP数据核字第2024GM4852号

免责声明

本书内容旨在为大众提供有用的信息。所有材料（包括文本、图形和图像）仅供参考，不能用于对特定疾病或症状的医疗诊断、建议或治疗。所有读者在针对任何一般性或特定的健康问题开始某项锻炼之前，均应向专业的医疗保健机构或医生进行咨询。作者和出版商都已尽可能确保本书技术上的准确性以及合理性，且并不特别推崇任何治疗方法、方案、建议或本书中的其他信息，并特别声明，不会承担由于使用本出版物中的材料而遭受的任何损伤所直接或间接产生的与个人或团体相关的一切责任、损失或风险。

内 容 提 要

本书是一本全面的拉伸指南，为处于不同年龄段和生活场景的读者提供了多样化的拉伸方案。第 1 章介绍了拉伸的基础知识，包括拉伸的定义、拉伸对健康的影响以及正确拉伸的原则。第 2 章详解了针对不同身体部位的拉伸动作，帮助读者轻松掌握适合放松肩颈、臂腕、腰背等部位的拉伸方法。第 3 章结合不同年龄和职业人群的特点，设计了特定的健康拉伸方案，为儿童、中老年、久坐者等人群提供拉伸指南。第 4 章提供了可随时随地进行的拉伸方案，帮助读者将拉伸变为日常生活不可或缺的一部分。最后一章关注运动拉伸，包含了针对十余种运动专项的拉伸方案，为读者提供全面的指导。本书旨在让拉伸成为每个人的最佳运动选择，为每个人的健康生活提供有力支持。

- ◆ 编　著　王　雄　赵　芮
　　责任编辑　王若璇
　　责任印制　彭志环
- ◆ 人民邮电出版社出版发行　　北京市丰台区成寿寺路11号
　　邮编　100164　　电子邮件　315@ptpress.com.cn
　　网址　https://www.ptpress.com.cn
　　北京瑞禾彩色印刷有限公司印刷
- ◆ 开本：787×1092　1/32
　　印张：6　　　　　　　　　　　　2025年6月第1版
　　字数：159千字　　　　　　　　2025年6月北京第1次印刷

定价：39.80元

读者服务热线：(010)81055296　印装质量热线：(010)81055316
反盗版热线：(010)81055315

目 录 CONTENTS

第❶章 拉伸，适合每一个人的最好运动
拉伸基础知识

第❷章 身体各部位的拉伸
针对身体各部位的拉伸动作

第❸章 健康拉伸
针对不同人群、不同问题的健康拉伸方案

第❹章 随时随地拉伸
针对不同生活场景的拉伸方案

第5章 运动拉伸
针对运动前后和十多种运动专项的拉伸方案

第一章

拉伸，适合每一个人的最好运动

拉伸基础知识

01 什么是拉伸

> 拉伸这个词大家并不陌生，就是拉长伸展的意思。对人体而言，拉伸是将身体紧绷的肌肉拉长，使其延展并恢复弹性。

健康的肌肉应具备良好的柔韧性，有力量，有弹性，就像下图中的弹簧。但生活中，我们经常发现，自己的肌肉硬邦邦，或者软塌塌。当你的肌肉处于不健康的状态，或松弛，或僵硬，就会如同下图中的绳子和木棍。

绳子柔软，没韧性　　弹簧能屈能伸，有力量　　木棍不能打弯

导致肌肉柔韧性降低的原因，一部分是我们不能改变的客观原因，比如以下几种。

- **性别**：女性的柔韧性普遍好于同龄男性；
- **年龄**：年轻人的柔韧性通常优于年长者；
- **旧伤**：伤口愈合后的瘢痕组织伸展性较差；
- **温度**：温度过低会增加肌肉的黏滞性，使其柔韧性降低。

下面的折线图简单说明了柔韧性在年龄和性别之间的差异。

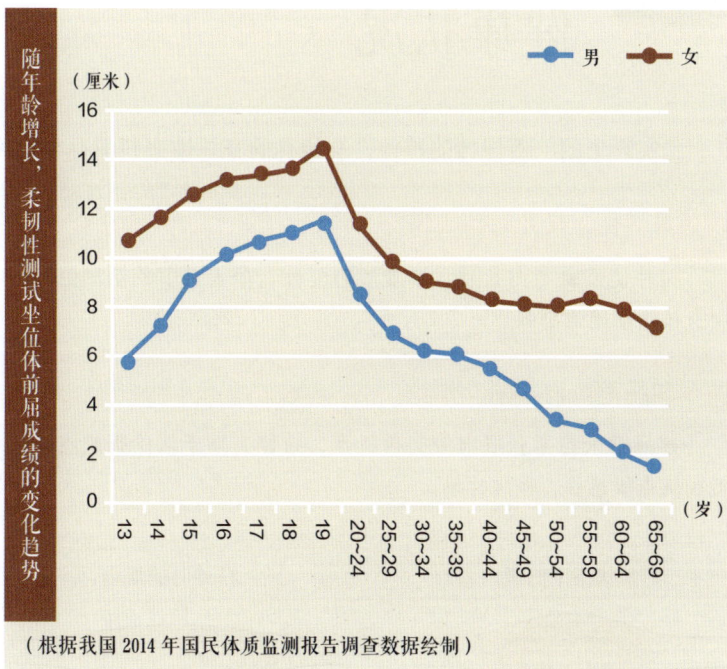

随年龄增长，柔韧性测试坐位体前屈成绩的变化趋势

（根据我国 2014 年国民体质监测报告调查数据绘制）

肌肉柔韧性降低的另一部分原因，是我们生活中的不良习惯，比如以下几种。

● **缺乏运动**：久坐少动使肌肉长时间处于拉长或紧缩状态，黏滞度增加，弹性降低，而且时间长了容易带来疼痛。

● **经常重复某一动作**：重复性动作（如敲键盘、跷二郎腿等）易造成局部肌肉紧张，身体柔韧性变差。

有规律的拉伸可以改善健康状况

其实简单的、有规律的拉伸，会给你的身体带来超多益处。

改善灵活性，提升运动表现

拉伸能恢复肌肉长度，增加肌肉弹性，增大关节的活动范围，使身体活动能力更强。

减少和缓解肌肉疼痛

疼痛常来自紧张肌肉中的扳机点，拉伸有助于消除扳机点或降低扳机点敏感性，减缓疼痛。

通常状态下的肌肉　　　　　　　　拉伸时的肌肉

降低受伤风险

关节活动度提高会减少动作过大带来的损伤。

改善身体姿势

拉伸促进肌肉恢复弹性，使身体软组织结构保持平衡状态，以维持正确的身体姿势。

提升身体协调性

拉伸能刺激本体感觉的感受器，提升身体反应能力和协调性。

减少衰老带来的不便

进入老年后，身体柔韧性降低，行动不便。拉伸有助于保持和改善柔韧性，对抗衰老带来的不便。

改善情绪

精神上的压力会带来身体上的紧张，拉伸可放松肌肉，释放压力，让机体和情绪均得到良好恢复。

☀ **知识点**

有规律的拉伸对于维持身体健康是不可或缺的。由于不同个体之间存在差异，因此在制定拉伸计划时，建议根据个人健康状况、运动目标和体能水平进行调整。

03 什么时候可以做拉伸

▌ 在合适的时机拉伸，会收获更好的拉伸效果。

不同时期进行拉伸的好处

锻炼前拉伸能帮助活动关节、预热身体，降低受伤风险，为即将开始的锻炼做好准备。比如举重前拉伸即将使用的肌肉和其拮抗肌，可使举重更轻松，减少受伤概率。

锻炼后拉伸有助于放松肌肉，缓解肌肉紧张和酸痛，促进肌肉恢复和生长。例如跑步后拉伸小腿，能避免小腿肌肉紧绷缩短影响跨步导致的损伤。在锻炼间隙进行拉伸也有一定益处，可缓解肌肉疲劳，保持身体的柔韧性。

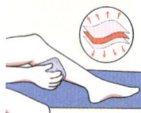

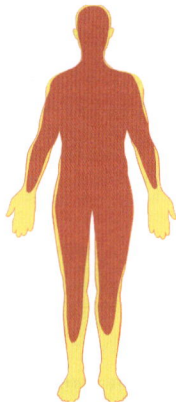

拉伸的最佳时期是体温升高时

体温升高后，肌肉容易放松，从而产生良好的拉伸效果。热身后、热敷后、洗澡后，都是拉伸的最佳时期。

肌肉僵硬或发生肌肉痉挛时，需要拉伸

肌肉处于僵硬状态或发生痉挛表明肌肉已经很疲劳、紧张，这种状态亟须得到改善。拉伸可快速缓解这些症状。

在生活中的其他时间，可以随时进行拉伸

我们每天都会有很多让肌肉紧绷的时刻，因此拉伸也应该成为日常生活习惯的一部分，让肌肉更快地恢复弹性有助于保持身体健康。

04 拉伸的四大类型

我们常见的拉伸类型有以下4种。

静态拉伸

静态拉伸是用相对稳定的姿势来拉伸一块肌肉或一个肌群，在感觉到一定的张力时保持动作10~30秒，在刺激较平稳时可以延长至60秒，使肌肉得到充分伸展。静态拉伸被认为是最安全、最能提高柔韧性的拉伸方式，并且常用于运动后的拉伸恢复。

正常的肌肉

拉伸时的肌肉

动态拉伸

动态拉伸具有动态特征，是按照一定速度进行四肢的摆动或下肢的跳跃的拉伸方式，其速度和力度都要可控。动态拉伸能快速提高肌肉温度，扩大关节活动范围，常用于运动前的热身。

易化拉伸

易化拉伸遵循本体感觉神经肌肉促进（PNF）拉伸的原则，是充分激活本体感受器、改善神经肌肉功能的拉伸方式，易化拉伸通常需要在他人辅助下才能完成，常在运动后使用。其常见方法静力-放松拉伸过程如下。

静力-放松（Hold-Relax Stretching）

步骤	肌肉	收缩种举	感觉	时间	幅度
第1步		放松	最大承受能力	10秒	中
第2步	腘绳肌	等长收缩	最大收缩能力的60%～70%	6秒	不变
第3步		放松	最大承受能力	10～30秒	明显增加

在最后的拉伸中，由于自身抑制机制被激活，拉伸的幅度明显增加

静力-放松

第1步	静态伸展目标肌肉，约10秒	首先，被拉伸者在拉伸者辅助下进行被动静态拉伸，保持10秒，使腘绳肌有中等程度的牵拉感
第2步	让目标肌肉做等长收缩（对抗），约6秒	而后，拉伸者施加使被拉伸者髋关节屈的阻力，这时被拉伸者在保持腿位置不变的同时，尽可能对抗其施加的外力，保持腘绳肌等长收缩6秒，并重复动作至规定次数
第3步	再次静态拉伸目标肌肉，10～30秒	最后，被拉伸者腿部放松，继续在拉伸者辅助下进行被动静态拉伸，保持10～30秒

弹震拉伸

和动态拉伸一样，弹震拉伸也是通过四肢的摆动来扩大关节活动范围，但速度快且不可控，肢体在动作终止时会有回弹。弹震拉伸能引发牵张反射，使肌肉收缩，收缩的肌肉在弹震拉伸时容易被拉伤。除了简单的类似于扩胸运动这些以外，一般不推荐进行大幅度或剧烈的弹震拉伸。

05 如何做拉伸：原则和注意事项

用正确的方式进行拉伸，会事半功倍。具体可参考以下原则和注意事项。

进行深呼吸

在整个拉伸过程中，保持平缓的深呼吸，有助于放松身心，增强供氧效果。

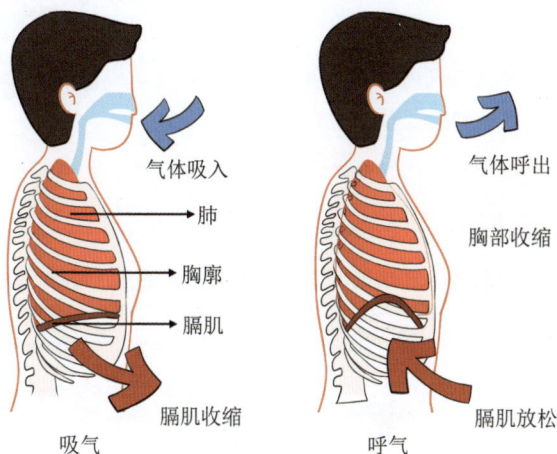

气体吸入

肺

胸廓

膈肌

膈肌收缩

吸气

气体呼出

胸部收缩

膈肌放松

呼气

避免疼痛

请谨记：拉伸并不是越疼越好！轻微的疼痛会让人很舒服，但随着疼痛不适感的增加，肌肉会因自我保护而收缩，不但使拉伸效果大打折扣，还容易拉伤肌肉。

缓慢拉伸

拉伸速度不可过快。若将手臂和腿甩出，拉伸速度太快，身体会以为肌肉将受伤而收缩保护。应缓慢拉伸，让肌肉有时间适应，就像与肌肉温柔对话。比如腿部拉伸，慢慢伸直腿部，感受肌肉拉长，确保安全有效，避免损伤肌肉。

保持时间

静态拉伸中，针对一个部位的拉伸动作要缓慢且保持10-30秒，能保持60秒更好，使肌肉获得足够的放松时间。

拉伸重点

身体哪个部位肌肉紧张，就先拉伸哪里。身体需要重点拉伸的部位通常有：肩颈部、胸部、腰背部、臀部、大腿、脚踝等。

拉伸前进行热身

热身10-15分钟，让体温升高，然后再进行拉伸，效果会更好。

第 2 章

身体各部位的拉伸

针对身体各部位的拉伸动作

01 颈部拉伸

坐姿 - 颈部侧屈拉伸 - 静态

目标肌肉

▶ 上斜方肌

(新手注意点) 全程保持核心收紧，背部挺直。动作不宜过快，注意感受肌肉的牵拉感。

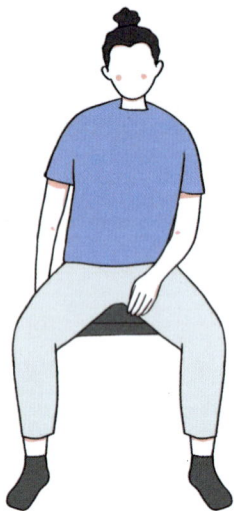

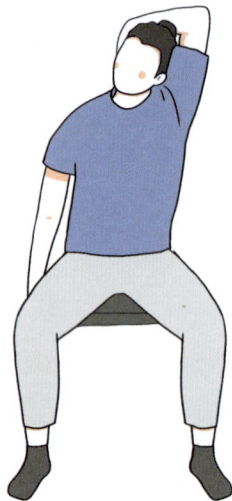

▶▶▶

01 坐在椅子上，一侧肩膀向上提起，身体重心向对侧倾斜。

02 重心所在侧手绕过头顶将头部缓慢向该侧下压，同时头部向对侧微微转动。保持该姿势至规定时间。换至对侧重复。

超简单拉伸速查手册：人人都可以找回身体松弛感

站姿 – 颈部斜后与斜前侧拉伸 – 静态

目标肌肉

▶ 上斜方肌　▶ 斜角肌

新手注意点 全程保持核心收紧，背部挺直。动作不宜过快，注意感受肌肉的牵拉感。

01 站姿，双脚开立与肩同宽，腰背挺直，一手叉腰，对侧手绕过头顶轻扶对侧耳朵。

02 头顶的手将头部拉向该手臂侧，此时颈部侧面应感到中等程度的牵拉感。保持该姿势至规定时间。换至对侧重复。

13

站姿 - 颈部旋转拉伸 - 动态

目标肌肉

▶ 上斜方肌　▶ 胸锁乳突肌

(新手注意点) 全程保持核心收紧，背部挺直。动作不宜过快，注意肌肉的牵拉感。

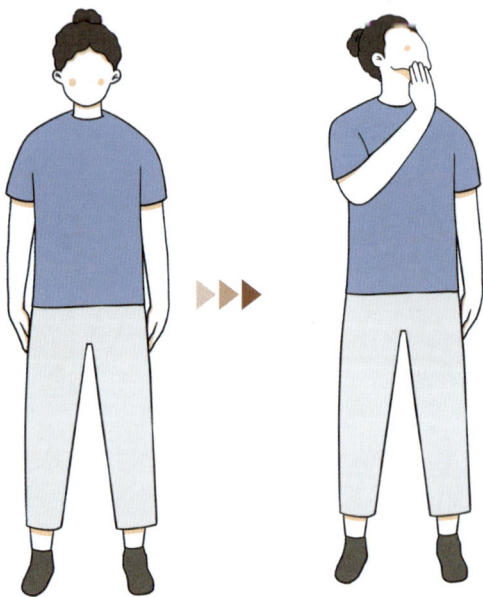

▶▶▶

01 双脚开立，与肩同宽，脚尖向前。

02 头最大程度地向一侧旋转并后仰，对侧手扶住下巴并轻轻地辅助头部转动，至目标肌肉有中等程度的牵拉感。重复以上步骤至规定次数。换至对侧重复。

超简单拉伸速查手册：人人都可以找回身体松弛感

坐姿 - 四方向颈屈伸 - 动态

/ **目标肌肉**

▶ 斜角肌 ▶ 胸锁乳突肌 ▶ 枕下肌群

新手注意点 放慢动作，感受肌肉的发力与收缩。

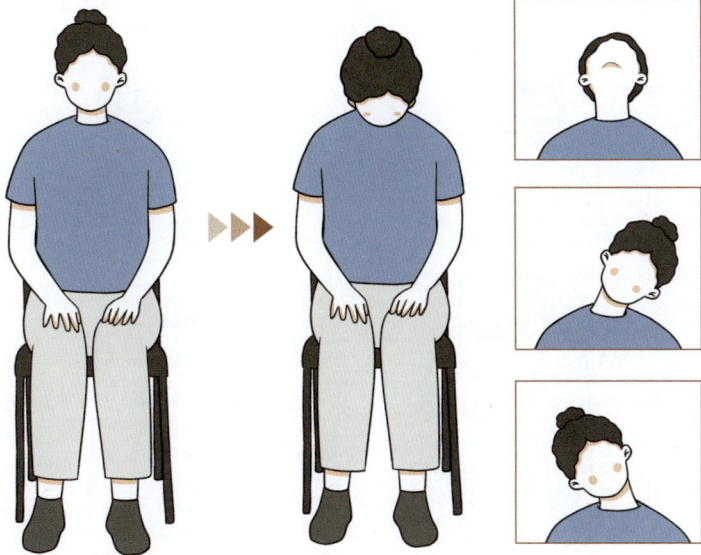

01 正坐在椅子上，身体轻靠在椅背上，双腿自然分开，双脚平放在地面，头部面向躯干正前方。

02 保持背部挺直，头部依次向前、后、左、右四个方向弯曲点头。重复以上步骤至规定次数。

站姿 - 背后握臂颈部侧屈拉伸 - 静态

目标肌肉

▶ 斜方肌　▶ 胸锁乳突肌　▶ 斜角肌　▶ 肩胛提肌

新手注意点 全程保持核心收紧，背部挺直。动作不宜过快，注意感受肌肉的牵拉感。

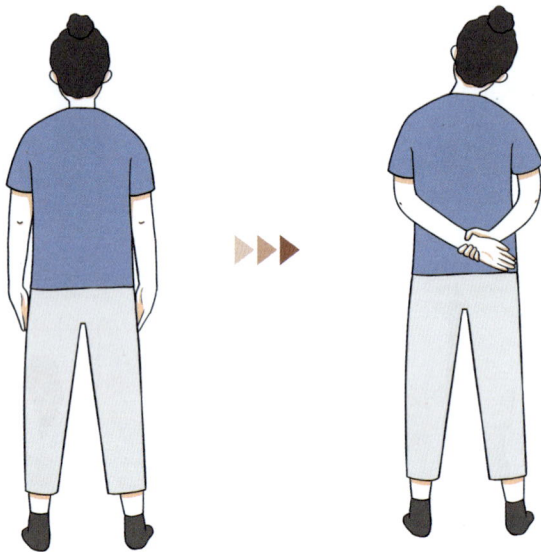

01 双脚开立，与肩同宽，脚尖向前。

02 头最大程度地向一侧倾斜，非目标侧手握住目标侧手腕并向下拉至目标肌肉有中等程度的牵拉感。保持该姿势至规定时间。换至对侧重复。

02 肩部拉伸

站姿 - 飞行式 - 静态

目标肌肉

▶ 三角肌前束　▶ 肱二头肌

（新手注意点）避免耸肩，保持均匀呼吸。

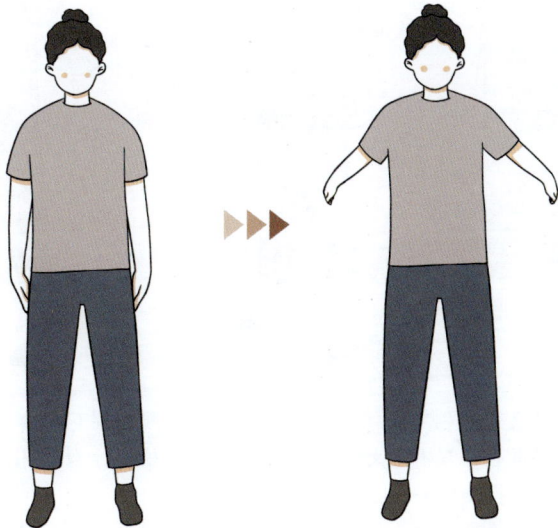

| 01 | 双脚开立，与肩同宽，目视前方。 |

| 02 | 双臂最大程度地向身体后上方举起，肘部始终保持伸直至目标肌肉有一定程度的牵拉感。保持该姿势至规定时间。 |

站姿 - 双手交叉向后伸展 - 静态

目标肌肉

▶ 三角肌前束 ▶ 肱二头肌

新手注意点 手臂上抬要缓慢、持续。全程保持核心收紧，肋骨不要外翻。

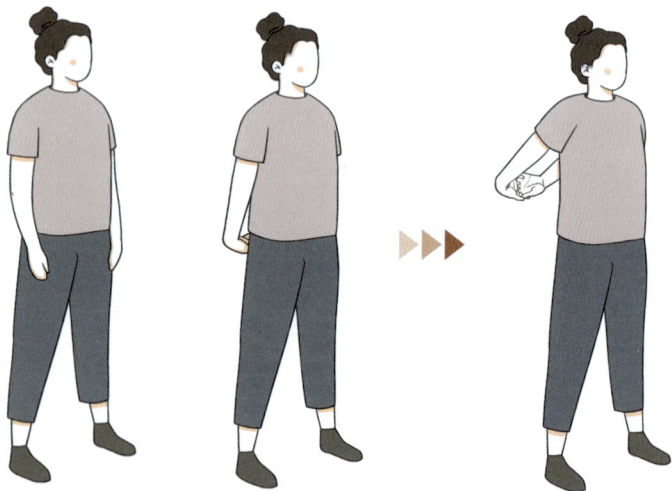

01 身体直立，双脚间距与肩同宽，腹部收紧，双手交叉置于臀部后方，挺胸抬头，目视前方。

02 腹部肌肉收紧保持躯干稳定，双臂沿身体后侧垂直向上举起，直至三角肌前束有中等程度的牵拉感。保持拉伸动作至规定时间。

坐姿 - 推肩 - 动态

///// **目标肌肉**

▶ 三角肌前束

⸺⸺⸺⸺⸺⸺⸺⸺⸺⸺⸺⸺⸺⸺⸺⸺

(新手注意点) 避免耸肩，保持均匀呼吸。

01 坐姿，目视前方，保持下巴抬高，背部平直，双腿在前并拢，双膝微屈，双臂撑于体后的地面。

02 转动双肩，使一侧肩向身体前方推去至目标肌肉有一定程度的牵拉感。回到起始姿势，重复以上步骤至规定次数。换至对侧重复。

跪姿－推肩－动态

目标肌肉

▶ 三角肌前束

(新手注意点) 避免耸肩，保持均匀呼吸。

01 跪撑姿势，双手与双膝撑于地面。

02 一侧手臂屈肘，将同侧肩向地面方向推动至目标肌肉有一定程度的牵拉感。回到起始姿势，重复以上步骤至规定次数。换至对侧重复。

站姿 - 旋转手臂 - 动态

目标肌肉

▶ 三角肌 ▶ 肱二头肌 ▶ 肱三头肌

(新手注意点) 身体正直，保持目视前方。

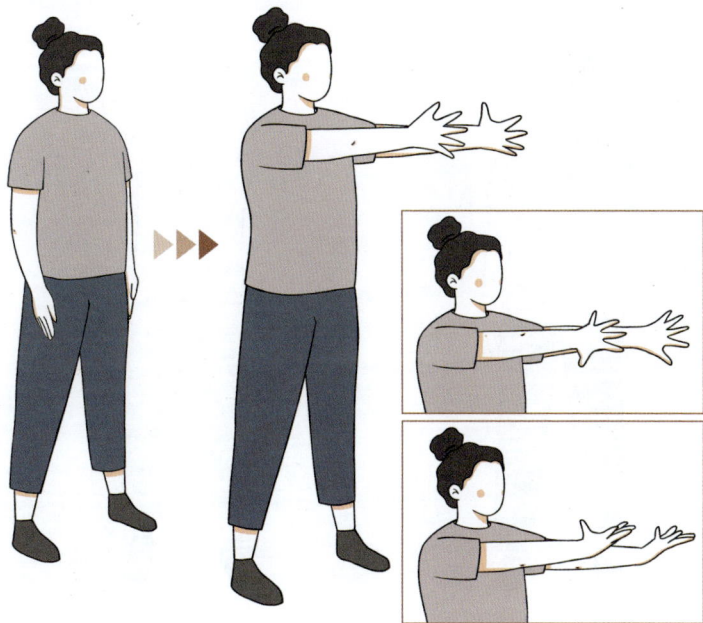

| 01 | 双脚开立，与肩同宽，目视前方，双臂前平举，掌心相对。 | 02 | 双臂最大程度地向内旋转，然后再向外旋转至目标肌肉有一定程度的牵拉感。回到起始姿势，重复以上步骤至规定次数。换至对侧重复。 |

站姿 - 交叉托臂 - 静态

目标肌肉

▶ 三角肌后束

(新手注意点) 避免耸肩，保持均匀呼吸。

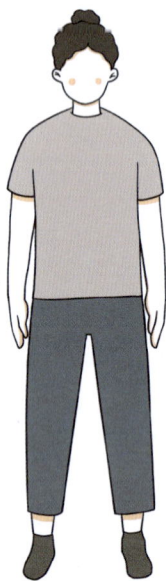

01　双脚开立，与肩同宽，脚尖朝前，双腿伸直，臀部收紧，挺胸抬头，目视前方，下颌收紧，双手伸直自然下垂。

02　一侧手臂伸直向前举起，然后肩关节水平向内收，另一侧手臂屈肘并用肘关节托住伸直的一侧手臂的肘关节。弯曲手臂的一侧用力，将被拉伸的一侧手臂水平拉向躯干。注意拉伸过程中肩部后侧肌肉应有中等强度拉伸感，保持该姿势至规定时间。换至对侧重复。

侧卧 - 前臂下压 - 动态

目标肌肉
▶ 肩外旋肌

新手注意点 使用适当的力度缓慢下压。可在拉伸幅度的末端，呼气加大拉伸
幅度。

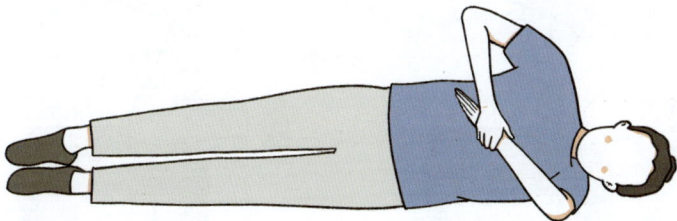

呈左侧卧姿，左上臂紧贴地面与躯干成90度夹角，左侧肘关
节成90度夹角，保持左前臂与地面垂直；右手握住左手腕关
节，缓慢地将左前臂下压，直至左肩外旋肌有中等程度的牵
拉感；保持2秒后回到起始姿势，重复动作至规定次数。换至
对侧重复。

俯身 - 对侧拉伸 - 动态

目标肌肉

▶ 中斜方肌 ▶ 菱形肌

....

(新手注意点) 核心收紧。保持目视下方。

01 右腿跪立在固定的矮桌上，左脚微屈站立于地面。腹部保持收紧，头部向下垂。

02 左手抓住矮桌不放，小心缓慢地伸展右侧髋关节和左膝关节。保持这一动作2到3秒。右手压低至大腿下方继续拉伸，直至肩胛骨和右侧脊柱之间出现牵拉感或轻微刺痛时停止动作，放松肌肉。直至到达新的终止点。重复以上步骤至规定次数。换至对侧重复。

03 手臂拉伸

站姿 - 单手后伸、下压 - 静态

目标肌肉

▶ 肱二头肌 ▶ 胸肌 ▶ 三角肌前束

新手注意点 避免耸肩，保持均匀呼吸。

01 双脚开立，与肩同宽，目视前方。一侧手臂向后放在与肩部等高的物体上，对侧腿在前，呈弓步姿势。

02 缓慢屈髋屈膝，身体缓慢向下降，直至目标肌肉有一定程度的牵拉感。保持至规定时间。换至对侧重复。

站姿 - 旋转飞行式 - 静态

目标肌肉

▶ 三角肌前束　▶ 肱二头肌

(新手注意点) 避免耸肩，保持均匀呼吸。

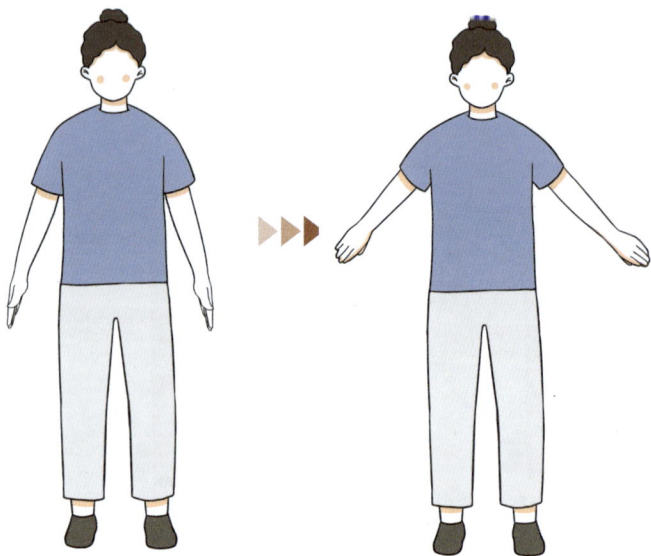

01 双脚开立，与肩同宽，腹部收紧，挺胸抬头，目视前方，双臂稍微外展。

02 双臂伸直外展后伸，同时手臂按照一定顺序进行转动，直至肱二头肌有中等程度的牵拉感。保持拉伸动作，直至达到规定时间。

超简单拉伸速查手册：人人都可以找回身体松弛感

跪姿 - 推肘 - 静态

目标肌肉

▶ 肱三头肌

(新手注意点) 避免耸肩，保持均匀呼吸。

01 双膝跪地，面朝前方，双膝支撑于地面，双臂屈肘放在跳箱上。

02 头部下垂，胸部逐渐靠向地面至目标肌肉有中等程度的牵拉感。保持该姿势至规定时间。

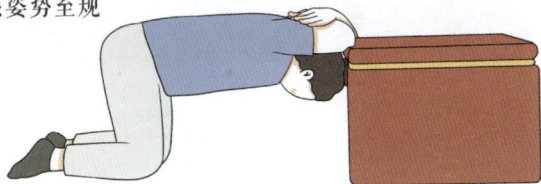

27

站姿 - 过顶后推拉伸 - 静态

目标肌肉

▶ 肱三头肌

(新手注意点) 避免耸肩，保持均匀呼吸。

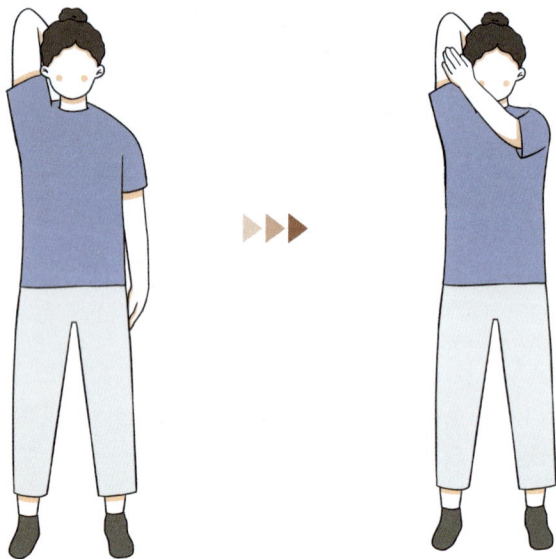

01 双脚开立，与肩同宽，脚尖向前。目标侧手臂向上伸直，屈肘将手放于两侧肩胛骨之间。

02 对侧手后推目标侧手臂至目标肌肉有中等程度的牵拉感。保持该姿势至规定时间。换至对侧重复。

超简单拉伸速查手册：人人都可以找回身体松弛感

04　手部拉伸

站姿 - 腕部伸肌与屈肌拉伸 - 静态

目标肌肉

▶ 腕部屈肌　▶ 腕部伸肌

新手注意点　在整个动作过程中躯干保持不动、核心收紧。发力要循序渐进，不能突然发力或发力过猛，容易导致手腕过度屈伸，造成损伤。手腕屈曲后伸展的方向均垂直于地面。

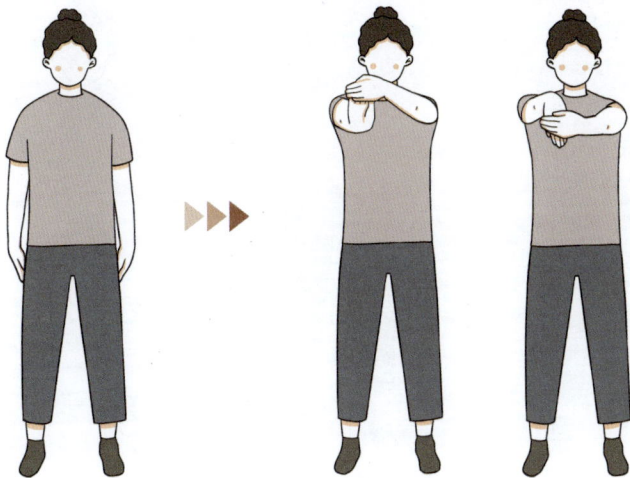

01　双脚开立，与肩同宽，目视前方，双臂自然垂于身体两侧。

02　目标侧手手指朝上、掌心向前，另一只手拉动目标侧手手指向身体方向移动至目标肌肉有一定程度的牵拉感。回到起始姿势，目标侧手手指朝下、掌心向后，另一只手拉动目标侧手手背向身体方向移动至目标肌肉有一定程度的牵拉感。保持该姿势至规定时间。换至对侧重复。

站姿 - 屈伸手腕 - 动态

目标肌肉

▶ 腕部屈肌   ▶ 腕部伸肌

新手注意点　在整个动作过程中躯干保持不动、核心收紧。发力要循序渐进，不能突然发力或发力过猛，容易导致手腕过度屈伸，造成损伤。手腕屈曲后伸展的方向均垂直于地面。

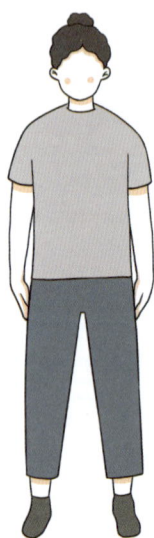

超简单拉伸速查手册：人人都可以找回身体松弛感

01

双脚开立，与肩同宽，目视前方，双臂自然垂于身体两侧。

02

双臂前平举，掌心相对。屈腕使掌心向后至目标肌肉有一定程度的牵拉感。伸腕使掌心向前至目标肌肉有一定程度的牵拉感。回到起始姿势，重复以上步骤至规定次数。

站姿 - 钢琴手指 - 动态

目标肌肉

▶ 手指屈肌 ▶ 手指伸肌

(新手注意点) 避免耸肩，保持均匀呼吸。

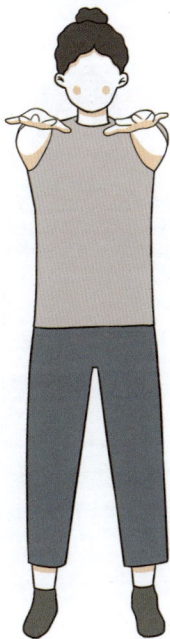

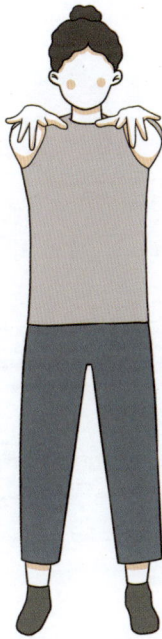

|01| 双脚开立，与肩同宽，双臂前平举，掌心向下。

|02| 手指随机像弹钢琴一样摆动至目标肌肉有一定程度的牵拉感。完成规定时间。

站姿 - 网状手指 - 动态

目标肌肉

▶ 手指屈肌　▶ 手指伸肌

（新手注意点）避免耸肩，保持均匀呼吸。

超简单拉伸速查手册：人人都可以找回身体松弛感

01 双脚开立，与肩同宽，双臂前平举，掌心向下。

02 手指最大程度地向外张开至目标肌肉有一定程度的牵拉感。回到起始姿势，重复以上步骤至规定次数。

站姿 - 手指屈曲推拉 - 动态

目标肌肉

▶ 手指屈肌 ▶ 手指伸肌

新手注意点 避免耸肩，保持均匀呼吸。

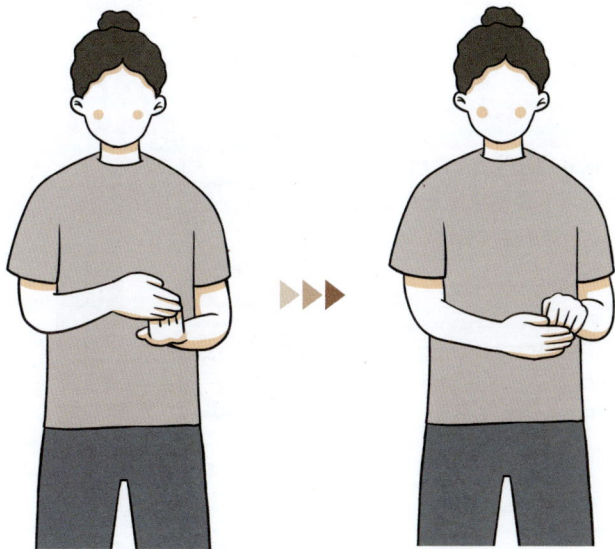

01 双脚开立，与肩同宽，对侧手握住目标手的手指。将目标手的手指向上拉至目标肌肉有一定程度的牵拉感。

02 将目标手的手指向下推至目标肌肉有一定程度的牵拉感。重复以上步骤至规定次数。换至对侧重复。

05 胸部拉伸

站姿 - 手掌固定躯干扭转 - 静态

目标肌肉

▶ 胸大肌　▶ 前锯肌

(新手注意点) 全程保持核心收紧，背部挺直，动作不宜过快，注意感受肌肉的牵拉感。避免耸肩。

01 双脚前后开立，脚尖向前。目标侧手臂侧平举至与肩同高，手扶住物体。

02 身体逐渐向对侧扭转至目标肌肉有中等程度的牵拉感。保持该姿势至规定时间。换至对侧重复。

站姿 - 双手扶脑后胸部拉伸 - 动态

/// 目标肌肉

▶ 胸大肌

(新手注意点) 全程保持核心收紧，肋骨不要外翻。

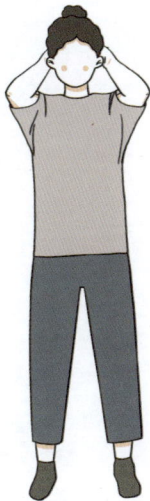

| 01 | 双脚开立，与肩同宽，脚尖向前。 |
| 02 | 双臂屈肘，肘关节朝向前方，双手放在耳部后面。肘部向后移动至目标肌肉有中等程度的牵拉感。回到起始姿势，重复以上步骤至规定次数。 |

仰卧 - 瑞士球躯干伸展 - 静态

目标肌肉

▶ 胸大肌　▶ 胸小肌

(新手注意点) 尽量保持下腰背的舒适。

01 身体的中背部仰卧于瑞士球上，双膝屈曲，双脚支撑于地面，双臂向上伸直，超过头顶，掌心向上。

02 双臂最大程度地靠近地面至目标肌肉有一定程度的牵拉感。保持该姿势至规定时间。

站姿 - 双手叉腰胸部拉伸 - 静态

目标肌肉

▶ 胸大肌　▶ 三角肌前束

新手注意点 全程保持核心收紧，肋骨不要外翻。

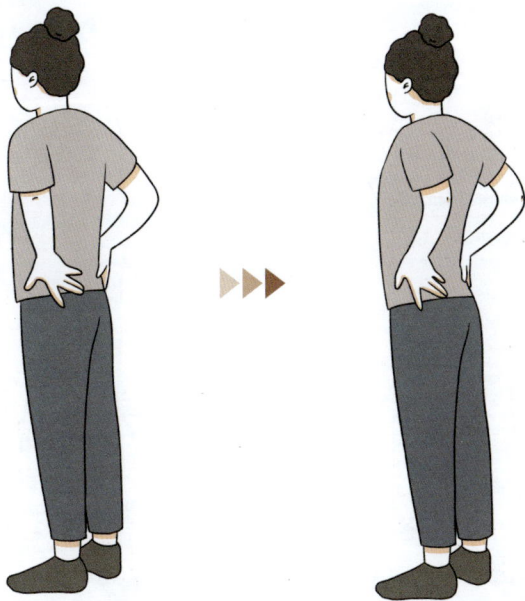

01 站姿，双脚开立，与肩同宽，腰背挺直，双手叉腰，大拇指在身体前侧，其他四指伸直按在臀部，肘关节自然指向身体斜后方。

02 肩关节向后展开，两侧肘关节渐渐靠拢，直至胸部前侧肌群有中等强度牵拉感，保持该姿势至规定时间。

站姿 - 胸小肌拉伸 - 静态

/// 目标肌肉

▶ 胸小肌

（新手注意点）前臂指向内侧，而不是竖直朝上。没有收紧腹部，导致腰椎曲度增大。

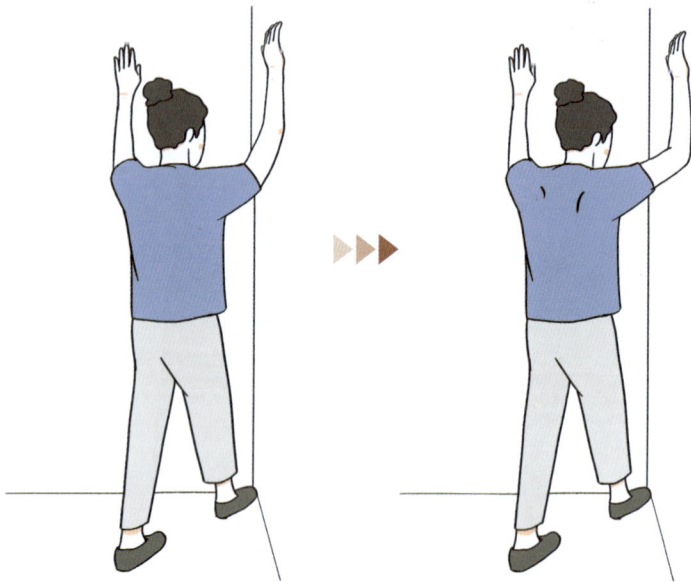

01 面向呈直角的墙角站立。一只脚踩在角落里，双手手掌和前臂抵住墙面。双肘略高于肩胛骨。

02 前腿弯曲，身体向墙角方向倾斜，至目标肌肉有中等程度的牵拉感，保持该姿势至规定时间。换至对侧重复。

超简单拉伸速查手册：人人都可以找回身体松弛感

38

站姿 - 单手扶墙胸小肌拉伸 - 静态

////// 目标肌肉
▶ 胸小肌

(新手注意点) 动作要缓慢、持续。保持均匀呼吸。

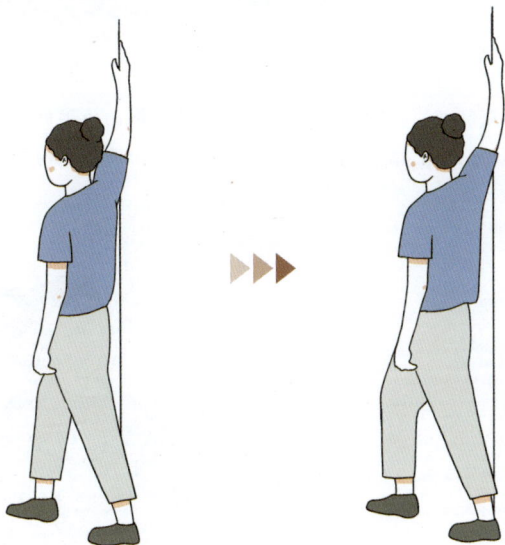

01 右前臂和右手抵住门框站立。手肘置于肩关节之上，并高出一定距离。前臂向上伸，身体与手肘形成130度夹角。腹部收紧防止弓腰。右脚向前迈一步。

02 慢慢弯曲右腿，带动上半身向前、向下慢慢倾斜，至目标肌肉有中等程度的牵拉感，保持该姿势至规定时间。换至对侧重复。

仰卧 - 胸肌拉伸 - 静态

目标肌肉

▶ 胸大肌 ▶ 胸小肌

（新手注意点） 核心收紧，向下动作要缓慢、持续。

坐在地上，双腿伸直。双臂伸直支撑于身体后侧，指尖向后。双手向后移动至胸部与肩关节前侧肌肉有中等程度的牵拉感，保持该姿势至规定时间。

06　腰背部拉伸

站姿 - 双手前伸、背部弓起拉伸 - 动态

目标肌肉

▶ 胸大肌　▶ 菱形肌

新手注意点　保持核心收紧，腰部挺直。躯干保持稳定。手臂伸直，向前伸展至最大幅度，注意感受背部肌肉的牵拉感。

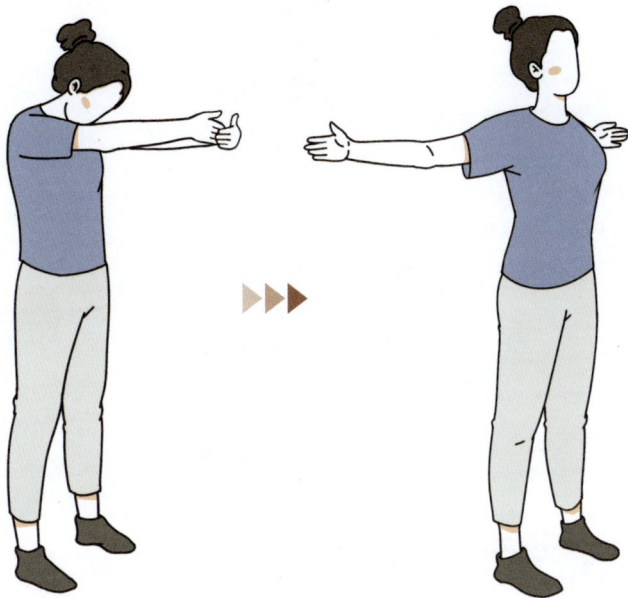

01　双脚开立，与肩膀同宽。双臂伸直向前，手心向内，左手搭在右手上。同时头部下低，背部弓起。

02　打开双手，同时向两边伸展双臂。每次拉伸保持1~3秒的时间。回到起始姿势，重复以上步骤至规定次数。

坐姿 - 抱住动作 - 静态

目标肌肉

▶ 斜方肌　▶ 菱形肌　▶ 背阔肌

新手注意点　当含胸低头时，深呼吸，在拉伸过程中，保持均匀呼吸。

01　坐姿，目视前方，双腿在前井拢，双膝微屈。双手握住大腿后侧。

02　最大限度地含胸低头至目标肌肉有一定程度的牵拉感。保持该姿势至规定时间。

站姿 - 骨盆前后倾斜 - 动态

目标肌肉

▶ 竖脊肌 ▶ 腹肌

(新手注意点) 保持均匀呼吸。

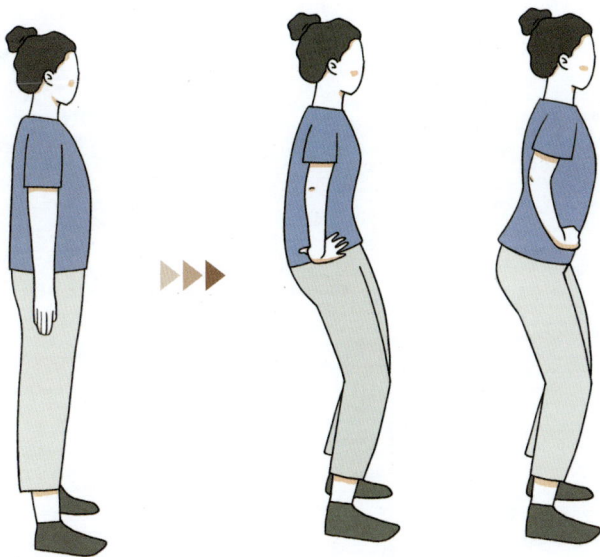

01 双脚开立，与肩同宽，双手自然垂于身体两侧。

02 双膝微屈，双手扶于腰侧。骨盆向前向后交替倾斜至目标肌肉有一定程度的牵拉感。回到起始位置，重复以上步骤至规定次数。

43

跪姿 - 猫式伸展 - 动态

目标肌肉

▶ 菱形肌 ▶ 竖脊肌 ▶ 背阔肌

新手注意点 双肩下沉，背部上拱时呼气，还原时吸气。

01 双膝跪地，双手与双膝撑于地面。

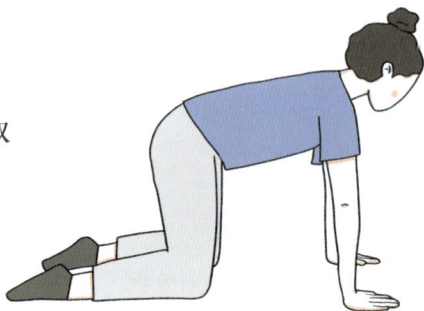

02 收紧腹部的同时含胸低头使背部拱起至目标肌肉有中等程度的牵拉感。回到起始姿势，重复规定次数。

站姿 - 单手上举躯干侧屈拉伸 - 动态

/// 目标肌肉

▶ 背阔肌 ▶ 腹斜肌

（新手注意点） 躯干侧屈要缓慢、持续。身体不要前倾、后倾。

01 双脚开立，与肩同宽，一侧手臂伸过头顶，对侧手扶住同侧大腿。

02 身体向伸直手臂的对侧倾斜至目标肌肉有一定程度的牵拉感。回到起始姿势，重复以上步骤至规定次数。换至对侧重复。

站姿 - 躯干侧屈扶墙拉伸 - 静态

目标肌肉

▶ 背阔肌　▶ 腹外斜肌

（新手注意点）躯干侧屈要缓慢、持续。身体不要前倾、后倾。

01

双脚前后开立，站在物体旁。

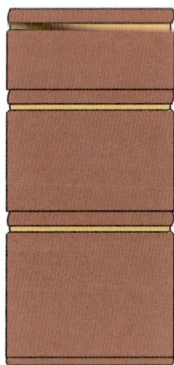

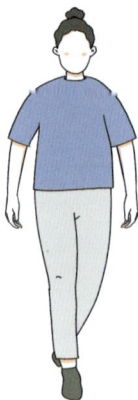

02

身体向物体侧倾斜，远离物体的那侧手扶住物体，使目标肌肉有一定程度的牵拉感。保持该动作至规定时间。换至对侧重复。

站姿 - 扭转 - 动态

目标肌肉

▶ 胸腰椎回旋肌

新手注意点 全程保持核心收紧，背部挺直。动作不宜过快，注意感受肌肉的牵拉感。

01　双脚开立，与肩同宽，脚尖向前。

02　双臂屈肘抬起交叉于胸部正前方。身体最大限度地向一侧扭转至目标肌肉有中等程度的牵拉感。两侧交替进行，重复以上步骤至规定次数。

坐姿 - 扭转 - 静态

目标肌肉

▶ 胸腰椎回旋肌

新手注意点　全程保持核心收紧，背部挺直。动作不宜过快，注意感受肌肉的牵拉感。

01

坐姿，面朝前方，双腿在前，双膝微屈，双臂稍外展，双手触地。

02

将一侧手放于地面身后的位置，另一侧手交叉越过躯干放在大腿一侧，扭转躯干至目标肌肉有中等程度的牵拉感。保持该姿势至规定时间。换至对侧重复。

侧卧 - 瑞士球侧向伸展 - 静态

目标肌肉

▶ 背阔肌 ▶ 两侧躯干屈肌

新手注意点 躯干侧面紧贴球面，身体放松。

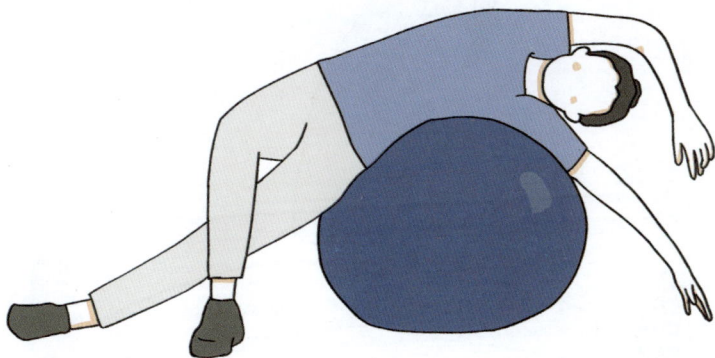

侧卧在瑞士球上，处于上侧的腿屈膝屈髋，置于身体前侧，固定身体，双臂置于头顶正上方，自然放松。保持呼吸顺畅。保持该姿势至规定时间。换至对侧重复。

49

坐姿－侧向拉伸－静态

目标肌肉

▶ 腰方肌

(新手注意点) 躯干侧屈要缓慢、持续。身体不要前倾、后倾。

坐姿，双腿伸直分开，背部平直。右手扶住左侧骨盆，左手臂抬起带动身体尽可能地向右侧弯曲，直至左侧腰方肌有中等程度的牵拉感。保持该姿势至规定时间，换至对侧重复。

侧卧 - 撑地推动拉伸 - 静态

目标肌肉

▶ 腰方肌

....

(新手注意点) 动作要缓慢、持续。上半身尽可能远离地面。

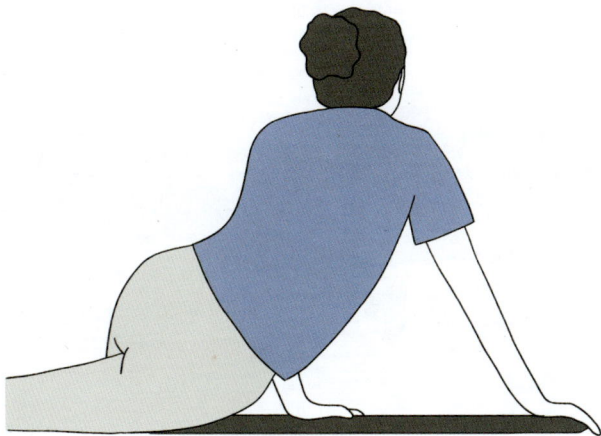

侧卧,前臂支撑身体,保持身体挺直。上方的腿屈髋屈膝在身体前方,下方的腿伸直保持不动。双臂伸直将身体向上撑起至下侧腰部有中等程度的牵拉感。保持该姿势至规定时间。换至对侧重复。

腹部拉伸

俯卧 - 瑞士球眼镜蛇式 - 静态

目标肌肉

▶ 腹肌（腹直肌）

（新手注意点） 尽量保持下腰背的舒适。头不要过度后仰。

01 俯卧于瑞士球上，髋部贴近球面，双臂屈肘支撑于球上，双腿伸直，双脚撑地。

02 双臂逐渐伸肘，最大程度地抬起上身至目标肌肉有一定程度的牵拉感。保持该动作至规定时间。

俯卧 - 眼镜蛇式 - 静态

目标肌肉

▶ 腹肌（腹直肌）

新手注意点 在背部没有过大挤压感的前提下，髋部尽可能接触地面，推离躯干至有牵拉感。

01 俯卧，胸部贴近地面，双臂屈肘并放于胸部两侧，前臂和双手支撑地面。

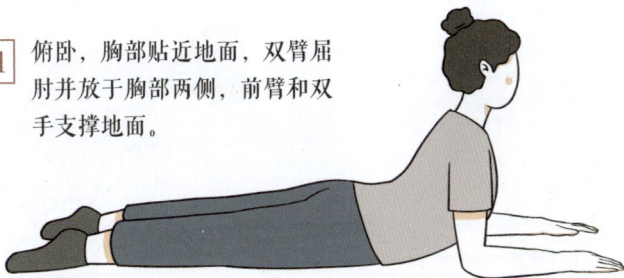

02 双手将胸部最大程度地从地板上推起至目标肌肉有中等程度的牵拉感，保持该姿势至规定时间。

站姿 - 弓形 - 动态

目标肌肉

▶ 腹肌（腹直肌）

新手注意点 尽量保持下腰背的舒适。头不要过度后仰。

超简单拉伸速查手册：人人都可以找回身体松弛感

01 双脚开立，与肩同宽，目视前方，双手扶住下腰背两侧。

02 身体缓慢向后仰至目标肌肉有一定程度的牵拉感。回到起始姿势，重复以上步骤至规定次数。

仰卧 - 背部弓形 - 静态

///// **目标肌肉**

▶ 腹肌（腹直肌） ▶ 背阔肌

(新手注意点) 尽量保持下腰背的舒适。

仰卧，将泡沫轴置于腰下方，双腿伸直，双臂伸直并举过头顶。感受腰腹部肌肉有一定程度的牵拉感。保持该动作至规定时间。

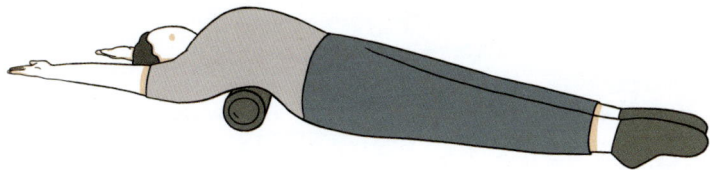

仰卧 - 瑞士球背部滚动 - 动态

目标肌肉

▶ 腹肌（腹直肌）

新手注意点 尽量保持下腰背的舒适。应缓慢且有控制地完成此动作。

01 身体的中背部仰卧于瑞士球上，双腿屈曲，双脚支撑于地面，双臂屈肘抱于头后。

02 双腿逐渐伸直并向后滚动瑞士球至目标肌肉有一定程度的牵拉感。回到起始姿势，重复以上步骤至规定次数。

超简单拉伸速查手册：人人都可以找回身体松弛感

08 髋关节拉伸

站姿 - 侧抬腿 - 动态

目标肌肉

▶ 内收肌

....

(新手注意点) 核心收紧，背部挺直。保持均匀呼吸。

01 双脚开立，略窄于肩，双手扶住物体以维持身体平衡。

02 一侧腿最大程度地向体侧抬起至目标肌肉有一定程度的牵拉感。回到起始姿势，重复以上步骤至规定次数。换至对侧重复。

仰卧 - 4字拉伸 - 静态

目标肌肉

▶ 臀肌　▶ 梨状肌

(新手注意点) 保持均匀呼吸，可使用手肘辅助增大拉伸幅度。

01 仰卧，双腿屈曲，目标侧脚抬起交叉放于对侧腿的大腿上，呈"4"字形。

02 一侧手从外面、另外一侧手从双腿中间穿过握住非目标侧大腿，从双腿中间穿过的那侧手肘向外推目标侧腿的膝盖，同时双手将非目标侧大腿拉向胸部至目标肌肉有中等程度的牵拉感。保持该姿势至规定时间。换至对侧重复。

超简单拉伸速查手册：人人都可以找回身体松弛感

坐姿 - 4 字拉伸 - 静态

/// 目标肌肉

▶　臀肌　▶　梨状肌

⸺⸺⸺⸺⸺⸺⸺⸺⸺⸺⸺⸺⸺⸺⸺⸺⸺⸺⸺⸺

(新手注意点)　背部挺直，匀速进行拉伸，保持均匀呼吸。

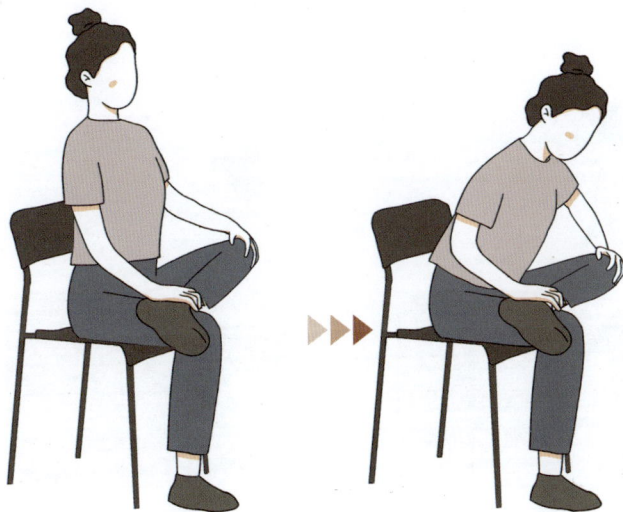

01

正坐在椅子边缘，双腿分开
与肩同宽，一侧腿的脚踝搭
在对侧腿的膝盖上。背部挺
直，双手放在抬起的腿的膝
盖和脚踝上，头部面向躯干
正前方。

02

保持背部平直，髋关节屈曲，
直至臀部深层肌肉有中等强
度拉伸感，保持该姿势至规
定时间。换至对侧重复。

59

单腿蹲 -4 字拉伸 - 静态

目标肌肉

▶ 臀肌　▶ 梨状肌

新手注意点 背部挺直，匀速进行拉伸，保持均匀呼吸。

01

双手扶住前方跳箱，一侧脚交叉放于对侧大腿上，呈"4"字形。

02

逐渐下蹲至目标肌肉有一定程度的牵拉感。保持该姿势至规定时间。换至对侧重复。

站姿 – 侧向推髋 – 静态

///// 目标肌肉

▶ 臀肌 ▶ 梨状肌

(新手注意点) 背部挺直，匀速进行拉伸，保持均匀呼吸。

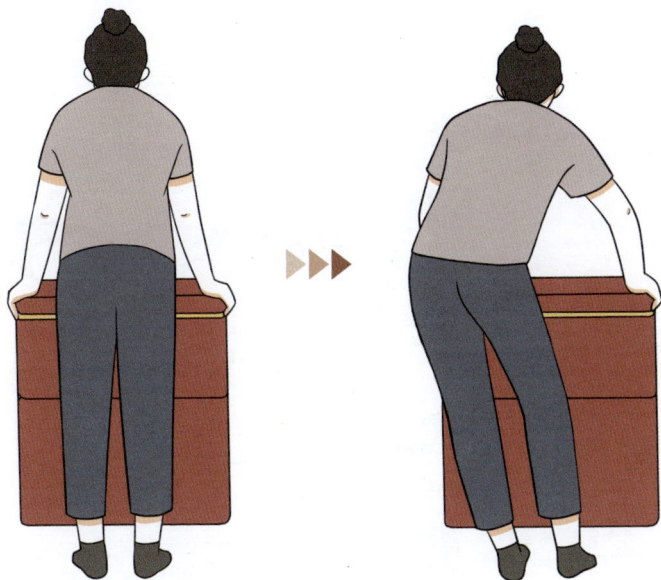

▶▶▶

01

双脚开立，略窄于肩，躯干前倾，双手扶住前方跳箱或固定物体。

02

屈曲一侧腿，伸直对侧腿并将直腿一侧的髋部向外摆动至目标肌肉有一定程度的牵拉感。保持该动作至规定时间。换至对侧重复。

俯卧 - 抬腿 - 动态

目标肌肉

▶ 髂腰肌　▶ 股直肌　▶ 缝匠肌　▶ 耻骨肌

(新手注意点) 核心收紧，背部挺直。动作不宜过快，注意感受肌肉的牵拉感。

01 俯卧，一侧腿伸直，对侧腿屈膝90度。

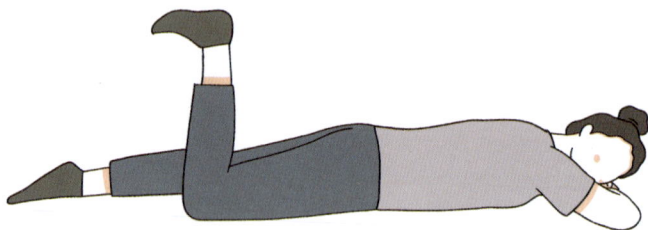

02 屈膝一侧的臀部肌肉发力，向上抬起该侧腿，至目标肌肉有一定程度的牵拉感。回到起始姿势，重复规定次数。换至对侧重复。

侧卧 - 旋转 - 动态

目标肌肉

▶ 胸肌　▶ 髂腰肌　▶ 阔筋膜张筋

新手注意点 下肢保持不动，头部跟着手臂旋转。

01

侧卧，屈髋屈膝，上侧腿跨过下侧腿，且膝关节触地，下侧腿膝关节压住对侧脚。双臂前平举，掌心相对并拢。

02

保持下肢及髋关节稳定，上侧手臂向上方打开带动躯干缓慢地向身体后方转动，眼睛始终目视移动的手掌至手臂触碰对侧地面。回到起始姿势，重复规定次数。换至对侧重复。

63

弓步 - 对角拉伸 - 静态

目标肌肉

▶ 躯干伸肌

(新手注意点) 膝关节不要超过脚尖或内扣。保持均匀呼吸。

01 双脚开立，远大于肩宽，双臂侧平举。

▼

02 一侧腿伸直，脚尖向前，另一侧腿伸直，脚尖外旋90度。屈曲脚尖外旋侧的腿，躯干向屈曲腿一侧倾斜，同侧手臂置于膝盖上。伸直对侧手臂，让其与躯干呈一条直线，使目标肌肉有一定程度的牵拉感。保持该动作至规定时间。换至对侧重复。

半跪姿 - 起跑者弓步 - 静态

目标肌肉

▶ 髂腰肌

....

(新手注意点) 躯干保持中立位，核心收紧，后腿保持充分的伸展。

01 单膝跪地，一侧腿
向前跨出一步，躯
干挺直，双手支撑
并放于前侧大腿上。

02 双手推前侧大腿使髋关
节伸展至目标肌肉有中
等程度的牵拉感。保持
该动作至规定时间。换
至对侧重复。

弓步 - 侧向伸展 - 静态

目标肌肉

▶ 髂腰肌

新手注意点 核心收紧，背部挺直。注意保持平衡。

身体呈低分腿姿，右腿在前，左腿在后，收紧腹部，背部保持平直。右手自然放在右腿膝关节上，左手手臂向上伸展，身体向右侧逐渐倾斜，直至左侧髂腰肌有中等程度的牵拉感。保持姿势至规定时间，换至对侧重复。

站立-屈膝下压-静态

/// 目标肌肉

▶ 臀肌

....

(新手注意点) 拉伸过程中膝盖不要向外扭转。

01 站立于一把稳固的椅子前。一侧腿屈髋屈膝踩在椅子上。尽量保持背部挺直，腹部收紧。

02 支撑腿屈膝，使身体向下移动，至屈髋侧臀部有中等程度的牵拉感。保持该姿势至规定时间。换至对侧重复。

67

大腿内侧拉伸

站姿 - 内收侧抬腿 - 动态

目标肌肉

▶ 内收肌 ▶ 外展肌

（新手注意点）动作过程中始终控制骨盆稳定向前。

01

身体呈站立位，双脚并拢，一侧手扶椅背，另一侧手叉腰。

02

躯干挺直，靠近椅背处的腿为支撑腿，另一侧腿发力，先屈曲内收，再向外展至最大幅度，然后回到起始姿势。重复以上步骤至规定次数。换至对侧重复。

站姿 - 侧弓步 - 静态

///// 目标肌肉

▶ 内收肌

....

(新手注意点)　核心收紧，背部挺直，膝关节不要超过脚尖。

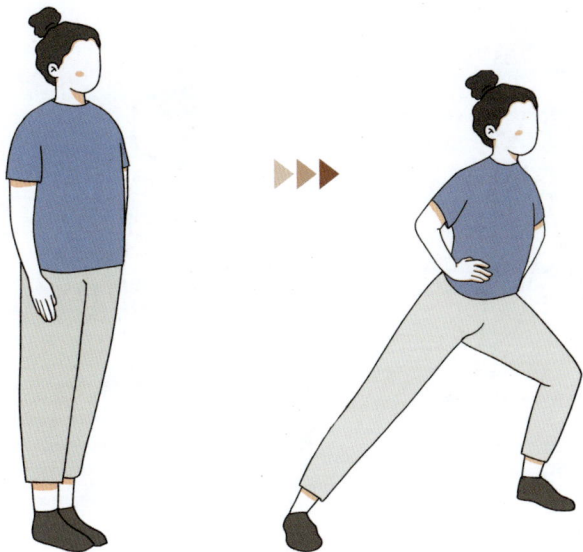

01

自然站立，双脚并拢。

02

保持一侧腿伸直的同时对侧腿屈髋屈膝，臀部后坐，至目标肌肉有一定程度的牵拉感。保持该姿势至规定时间。换至对侧重复。

69

半蹲姿 - 相扑式深蹲开胯 - 静态

目标肌肉

▶ 内收肌 ▶ 髋屈肌

(新手注意点) 髋部不要低于膝关节。

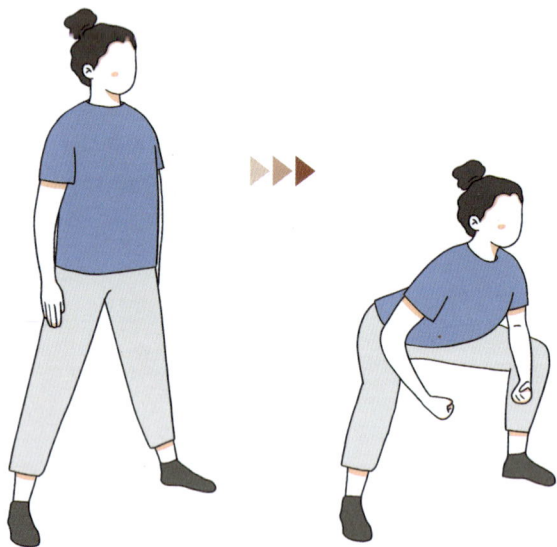

01
双脚开立，远大于肩宽，脚尖朝外。

02
躯干前倾并逐渐下蹲的同时双肘将两侧膝盖往外推，直至目标肌肉有一定程度的牵拉感，保持该姿势至规定的时间。

坐姿 - 跨坐 - 静态

目标肌肉

▶ 内收肌

（新手注意点）双腿分开，向前俯身至最大幅度。

01

身体呈中立位坐在垫上，两腿分开至最大幅度，双手自然下垂至两腿之间。

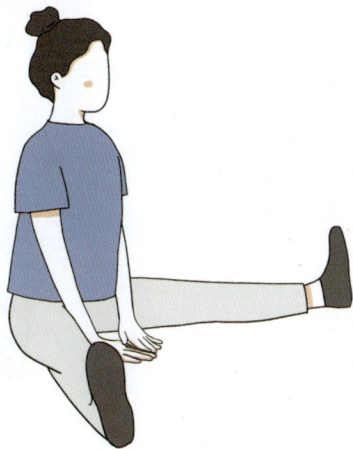

02

俯身向前，同时双手手臂伸直，随身体向前伸展。伸展至最大幅度后，感觉到背部竖脊肌和大腿内收肌有明显的牵拉感，保持该姿势至规定的时间。

71

坐姿 - 跨坐 - 动态

目标肌肉

▶ 腘绳肌

（新手注意点） 背部挺直，保持均匀呼吸。

01 坐姿，背部平直，双腿伸直并向外张开，双手支撑于身体侧后方。

02 身体逐渐前倾至目标肌肉有一定程度的牵拉感。回到起始姿势，重复以上步骤至规定次数。

超简单拉伸速查手册：人人都可以找回身体松弛感

俯卧 - 蛙式跨坐 - 静态

/// 目标肌肉

▶ 内收肌 ▶ 腘绳肌

(新手注意点) 核心收紧，不要塌腰。

01

跪撑，双腿屈膝
张开，双膝支撑
于地面，躯干前
倾，双臂前臂支
撑于地面。

02

双膝打开至最大幅
度，使目标肌肉有
一定程度的牵拉感。
保持该姿势至规定
时间。

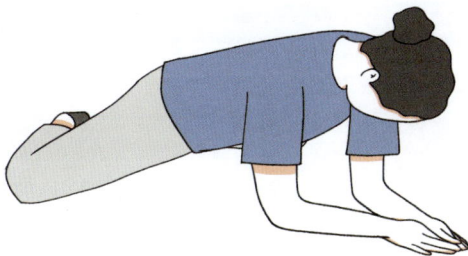

73

坐姿 – 蝶式体前屈 – 动态

目标肌肉

▶ 内收肌

(新手注意点) 核心收紧，背部挺直。动作不宜过快，注意感受肌肉的牵拉感。

01

坐姿，双腿屈膝，双脚脚掌相对并拢于身前。

02

躯干前倾降至双腿之间的同时双手放在脚踝上面并抓住脚踝至目标肌肉有一定程度的牵拉感。回到起始姿势，重复以上步骤至规定次数。

站姿 - 侧弓步 - 动态

✧ **目标肌肉**

▶ 内收肌

新手注意点 腰背部挺直，膝关节不要超过脚尖。

01

双脚开立，远大于肩宽，双手扶于腰侧。

02

保持一侧腿伸直的同时对侧腿屈髋屈膝，臀部后坐，至目标肌肉有一定程度的牵拉感。回到起始姿势，换至对侧重复。重复以上步骤至规定次数。

仰卧 - 双腿抬高外展 - 静态

目标肌肉

▶ 耻骨肌 ▶ 长收肌 ▶ 大收肌

(新手注意点) 核心收紧，背部挺直。动作不宜过快，注意感受肌肉的牵拉感。

01　仰卧，双腿伸直举起并尽可能
　　与地面成90度角，双臂支撑于
　　身体两侧。

02　双腿逐渐向身体两
　　侧张开至目标肌肉
　　有一定程度的牵拉
　　感。保持该姿势至
　　规定时间。

10 大腿前侧拉伸

侧卧 - 屈膝拉伸 - 静态

目标肌肉

▶ 股四头肌

新手注意点 核心收紧，注意保持平衡。

01 双腿伸直侧撑于垫上，腿部与靠近垫子的手臂前臂支撑身体。

02 远离垫子的腿屈膝，小腿勾向臀部，同时远离垫子的一侧手在身后抓住勾起的脚，并施加压力将小腿压向臀部，直到被拉伸的腿的大腿前侧肌群有中等程度的牵拉感，保持该姿势至规定时间。换至对侧重复。

站姿 - 屈膝 - 静态

目标肌肉

▶ 股四头肌

(新手注意点) 核心收紧，注意保持平衡。

01 双脚开立，与肩同宽，一侧手扶住跳箱以保持身体平衡。

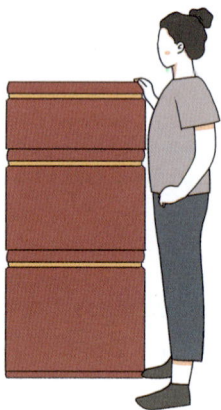

02 扶住跳箱侧腿向后屈膝，对侧手向后握住屈膝腿的脚踝，最大程度地使脚跟靠近臀部至目标肌肉有一定程度的牵拉感，保持该姿势至规定时间。换至对侧重复。

超简单拉伸速查手册：人人都可以找回身体松弛感

78

侧卧 - 屈膝伸髋拉伸 - 动态

目标肌肉

▶ 髂腰肌　▶ 股四头肌

新手注意点 核心收紧，注意保持平衡。

01 身体呈侧卧姿，近地侧手臂伸展，近地侧腿屈膝；对侧腿向后屈膝，手臂向后手握住脚踝。

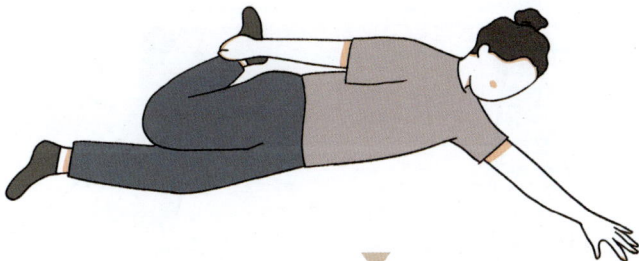

02 握住脚踝的手将脚压向臀部，直至该侧腿的股四头肌和髋屈肌有中等程度的牵拉感，拉伸动作持续2秒。回到初始姿势，重复以上步骤至规定次数。换至对侧重复。

半跪姿 - 前倾拉伸 - 动态

目标肌肉

▶ 股四头肌 ▶ 髋屈肌

(新手注意点) 核心收紧，背部挺直。动作不宜过快，注意感受肌肉的牵拉感。

01

身体呈前后分腿跪姿，右腿在前，脚掌踩地，左腿在后，右手握住左腿踝关节，左手伸直上举。

02

背部保持挺直，右手尽量将左踝拉向臀部，身体逐渐前倾，直至左腿股四头肌和髋屈肌有中等程度的牵拉感。保持2秒后回到起始姿势，重复动作至规定次数，换至对侧重复。

跪姿 - 屈膝坐 - 静态

目标肌肉

▶ 胫骨前肌

(新手注意点) 核心收紧，注意保持平衡。向后坐时应控制速度。

跪姿，脚背向下，身体直立。臀部逐渐向后坐在小腿上至目标肌肉有一定程度的牵拉感，双手置于身体前侧地面上。保持该动作至规定时间。

站姿 - 股四头肌拉伸 - 动态

目标肌肉

▶ 股四头肌

....

新手注意点 保持臀大肌收紧，不要过度伸展下腰背。

01

直立姿正常站位，两脚间距与肩同宽，背部挺直，腹部收紧，双臂自然垂于身体两侧。

02

右腿微屈，用左手抓住左脚踝，脚后跟抵臀，左脚踝踮起向上伸展，同时伸直右臂上举过头顶，左手用力拉伸左腿股四头肌，拉伸动作保持1~2秒，重复以上步骤至规定次数。

11 大腿后侧拉伸

坐姿 – 举腿 – 静态

目标肌肉

▶ 腘绳肌

新手注意点 向前、向下拉伸时弯曲背部，而不是屈曲髋部。

01 一侧腿坐在长凳上伸直，该侧脚自然悬垂在长凳边缘外侧。对侧腿尽可能向后伸髋屈膝，脚尖着地。躯干挺直。手可以扶住长凳保持平衡。

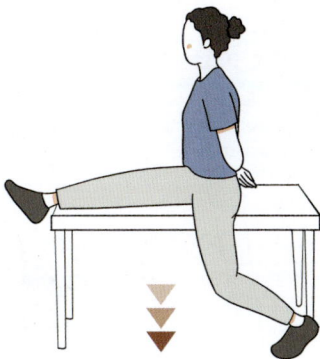

02 躯干向前下压，同时前腿伸直压向长凳，感受前腿大腿后侧有中等程度的牵拉感。保持该姿势至规定时间。换至对侧重复。

站姿 - 单腿屈髋 - 动态

目标肌肉

▶ 腘绳肌 ▶ 臀肌

（新手注意点） 核心收紧，背部挺直，前脚勾起，保持均匀呼吸。

01

双脚并拢站立，双臂自然垂于体侧。

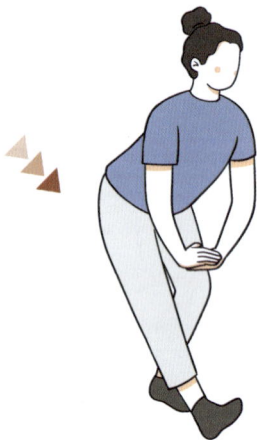

02

一侧腿屈膝支撑于地面，另一侧腿向前伸直，勾起脚尖，双手放在支撑腿上。保持背部挺直，身体逐渐前倾至目标肌肉有一定程度的牵拉感。保持该姿势1~2秒，回到起始姿势，换至对侧重复。两侧交替进行，重复动作至规定次数。

超简单拉伸速查手册：人人都可以找回身体松弛感

仰卧 - 伸膝 - 动态

/// 目标肌肉

▶ 腘绳肌

新手注意点 拉伸时固定好目标下肢，同时避免对侧代偿。保持均匀呼吸。

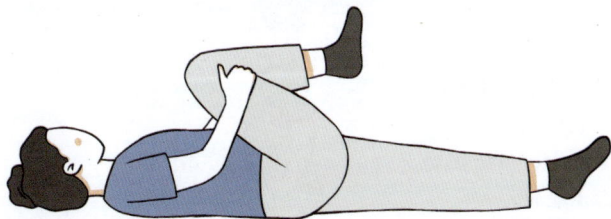

01 仰卧，一侧腿伸直，另一侧腿屈髋抬起，双手抱住抬起的腿的大腿后侧，小腿放松。

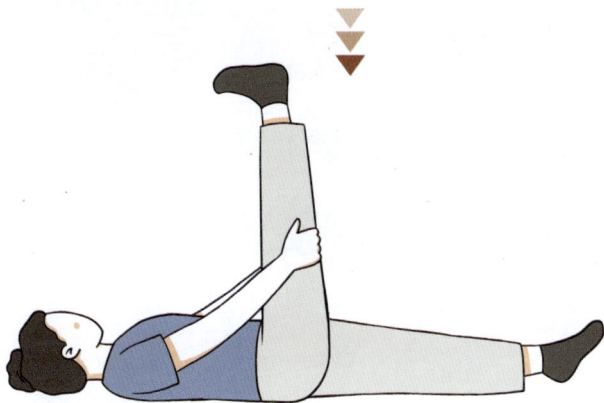

02 最大程度地向上伸直膝盖至目标肌肉有一定程度的牵拉感。回到起始姿势，重复规定次数。换至对侧重复。

站姿 - 滚球式伸膝 - 动态

目标肌肉

▶ 腘绳肌

（新手注意点）核心收紧，背部挺直。保持均匀呼吸。

01 身体直立，目视前方，一侧腿屈膝脚放在瑞士球上，另一侧腿支撑于地面。

02 抬起的腿逐渐伸膝将球推向前方至目标肌肉有一定程度的牵拉感。回到起始姿势，重复规定次数。换至对侧重复。

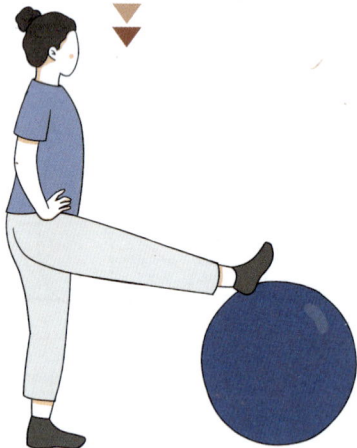

坐姿 - 身体前屈腿拉伸 - 静态

目标肌肉

▶ 腘绳肌 ▶ 内收肌

(新手注意点) 腰部尽量挺直，从髋关节处向前倾。

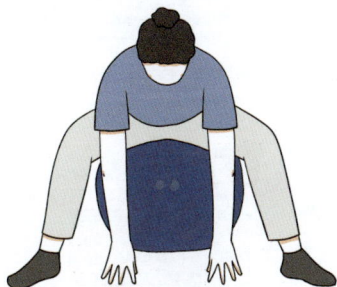

01

坐在球上，双脚分开着地，向前俯身，双手触地。

02

含胸低头靠向地面，同时，身体向一侧移动，另一侧腿伸直，并且躯干降至双腿之间至目标肌肉有一定程度的牵拉感。保持该姿势至规定时间。换对侧重复。

12 小腿拉伸

站姿 - 腓肠肌拉伸 - 静态

目标肌肉

▶ 腓肠肌

(新手注意点) 支撑腿膝关节尽可能保持伸直，保持均匀呼吸。

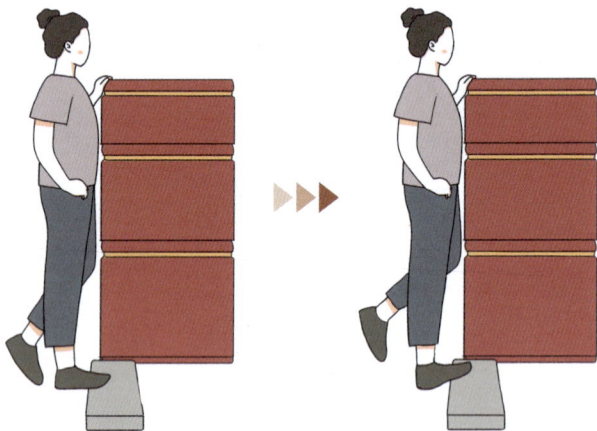

01 找一处牢固的物体边缘，如台阶。右脚脚掌踩在平面上（约三分之一脚长），足弓和脚跟悬空。

02 放松小腿，让脚跟顺势落下进行拉伸。放松肌肉 5 至 10 秒。腓肠肌发力上提 2.5 到 5 厘米的距离以产生抗阻力。放松肌肉 5 至 10 秒。脚跟继续向下落以进一步拉伸，直至肌肉再次出现轻微刺痛感，到达新的终止点。重复动作至规定次数。换至对侧重复。

超简单拉伸速查手册：人人都可以找回身体松弛感

俯撑－单腿脚踝屈伸－动态

目标肌肉

▶ 腓肠肌

新手注意点 支撑腿膝关节保持伸直，背部平直。

01

双手伸直撑于地面，右腿伸直，脚尖撑地，左腿屈膝，左脚搭在右侧小腿上。

02

始终保持右腿伸直状态，右侧脚跟缓慢着地，直至右腿腓肠肌有中等程度牵拉感；保持2秒后回到起始姿势，重复动作至规定次数，换至对侧重复。

站姿 – 趾伸肌拉伸 – 静态

/// 目标肌肉

▶ 胫骨前肌

(新手注意点) 核心收紧，动作不宜过快，注意感受肌肉的牵拉感。

站立，以一面墙或物体作为支撑来保持平衡。一侧腿向后伸，并用脚背着地。将身体重心缓慢移向后侧腿，至后腿小腿前侧有中等程度的牵拉感。保持该姿势至规定时间。换至对侧重复。

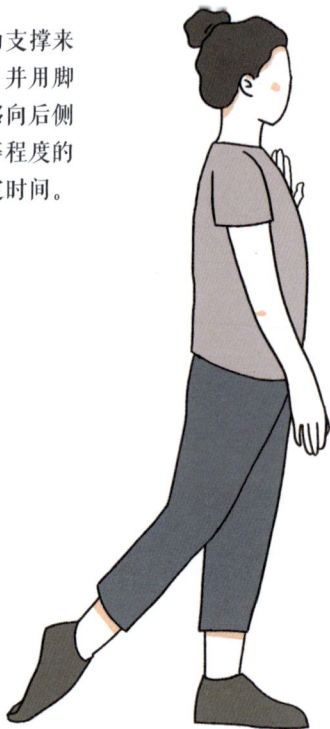

站姿 - 跖屈肌拉伸 - 静态

目标肌肉

▶ 腓肠肌 ▶ 比目鱼肌

....

(新手注意点) 动作要缓慢、持续，感受肌肉的拉伸感。

面朝墙站立，双臂向前扶在墙上，双腿呈弓步姿势。后脚脚跟始终不离开地面，身体向前倾，同时前腿向下蹲，使后腿小腿后侧有中等程度的牵拉感。保持该姿势至规定时间。换至对侧重复。

俯撑 - 比目鱼肌拉伸 - 动态

目标肌肉

▶ 比目鱼肌

新手注意点 背部挺直，勾脚尖向前移动。

01
呈俯撑姿，双手伸直撑于地面，右腿伸直，右脚掌紧贴地面，左腿屈膝，左脚搭于右侧小腿上。

02
始终保持右脚掌紧贴地面，右腿缓慢屈膝，直至目标肌肉有中等程度牵拉感。保持2秒后回到起始姿势，重复发上步骤至规定的次数。换至对侧重复。

超简单拉伸速查手册：人人都可以找回身体松弛感

站姿 - 屈膝脚跟按压 - 静态

/// 目标肌肉

▶ 腓肠肌

(新手注意点) 核心收紧，背部挺直。动作不宜过快，注意感受肌肉的牵拉感。

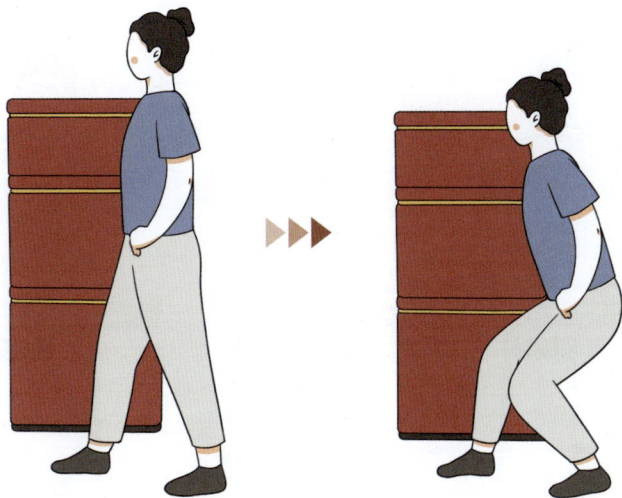

01

双脚前后站立，脚尖向前，一侧腿屈膝在前，对侧腿屈膝在后，双手叉腰。

02

双腿逐渐屈膝至后侧腿的目标肌肉有一定程度的牵拉感。保持该姿势至规定时间。换至对侧重复。

93

坐姿 - 踝关节背屈与跖屈 - 动态

目标肌肉

▶ 股四头肌 ▶ 胫骨前肌

核心收紧，背部挺直。保持均匀呼吸。

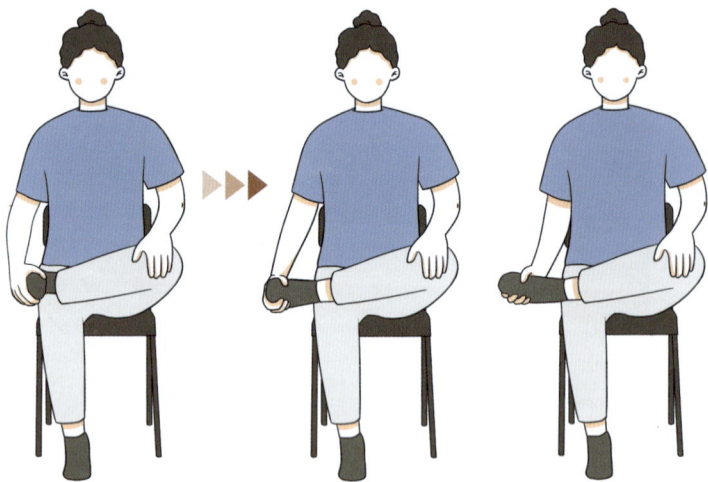

01

坐在椅子上，将一侧脚踝放在另一侧的大腿上，用对侧手抓住该侧脚中部，背部挺直。

02

手发力使踝关节最大幅度地跖屈和背屈，然后回到起始位置，重复以上步骤至规定的次数。换至对侧重复。

超简单拉伸速查手册：人人都可以找回身体松弛感

坐姿 - 小腿前侧拉伸 - 静态

目标肌肉

▶ 胫骨前肌

(新手注意点)　核心收紧，背部挺直。保持均匀呼吸。

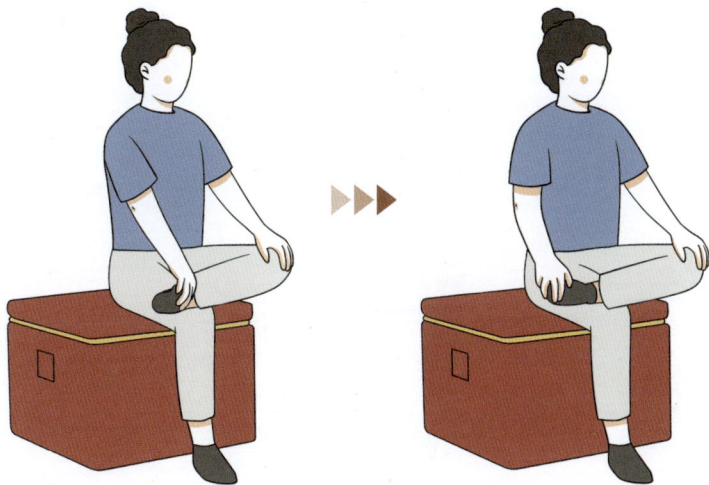

01

坐在跳箱上，一侧腿屈膝支撑于地面，另一侧腿交叉于对侧大腿之上，对侧手握住前脚背。

02

向身体方向拉脚背至目标肌肉有一定程度的牵拉感。保持该姿势至规定时间。换至对侧重复。

95

站姿 - 胫骨前肌拉伸 - 静态

目标肌肉

▶ 胫骨前肌

新手注意点 腰背部挺直，身体不要前倾、后倾。

身体呈站姿，双手叉腰，左脚置于身体后方，左脚尖立起，脚踝稍稍内旋，和胫骨前肌肌肉走向相一致。身体向右侧旋转，直至左腿胫骨前肌有中等程度的牵拉感，保持该姿势至规定时间。换至对侧重复。

坐姿 - 比目鱼肌拉伸 - 静态

/ 目标肌肉

▶ 比目鱼肌

....

(新手注意点) 背部挺直，确保屈膝腿的膝关节和脚位于同一直线。

身体呈坐姿，左腿伸直，右腿屈膝，右脚背屈，双手握住右脚脚尖位置。以右脚跟为支点，将右脚尖拉向身体，直至右腿比目鱼肌有中等程度的牵拉感，保持该姿势至规定时间。换至对侧重复。

站姿－腓肠肌、比目鱼肌拉伸－动态

目标肌肉

▶ 腓肠肌 ▶ 比目鱼肌

新手注意点 目标腿膝关节保持伸直，保持均匀呼吸。

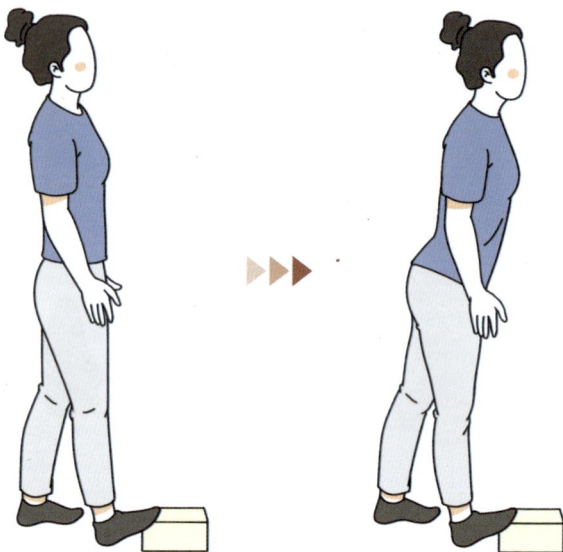

01
身体站立，右脚脚尖放在物体上。

02
身体向前倾，直至目标肌肉有一定程度的牵拉感。回到起始姿势，重复规定次数。换至对侧重复。

13 足部拉伸

站姿 - 趾屈肌拉伸 - 静态

目标肌肉

▶ 足部肌群

(新手注意点) 缓慢地下滑足部，否则可能发生过度拉伸。

面朝墙壁站立，离墙 30 至 60 厘米。保持右脚跟着地，朝墙压右脚趾底部。离地面的高度应超过 2 厘米。前倾并缓慢下滑右脚，保持脚趾压在墙上。感受目标肌群有中等程度的牵拉感。保持该姿势至规定时间。换至对侧重复。

坐姿 - 足趾张开转动脚踝 - 动态

目标肌肉

▶ 足部肌群

新手注意点 核心收紧，保持均匀呼吸。

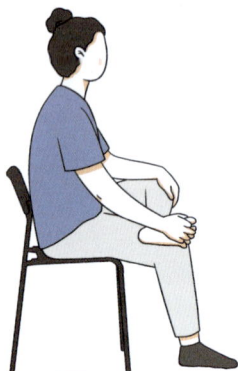

01

坐在椅子上，一侧腿屈膝支撑于地面，另一侧脚踝交叉于对侧大腿之上，对侧手指与脚趾交叉。

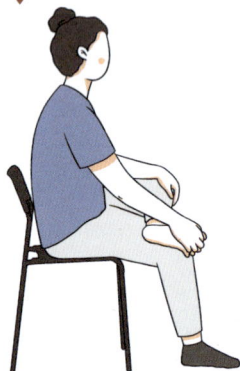

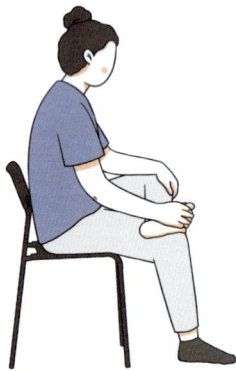

02

主动旋转脚踝至目标肌肉有一定程度的牵拉感。回到起始姿势，重复规定次数。换至对侧重复。

坐姿 - 转动脚踝 - 动态

/// 目标肌肉

▶ 足部肌群

(新手注意点) 核心收紧，背部挺直。保持均匀呼吸。

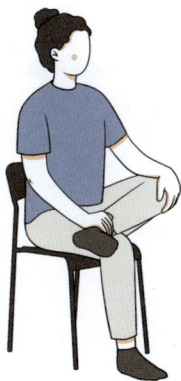

01

坐在椅子上，一侧腿屈膝支撑于地面，另一侧脚踝交叉于对侧大腿之上，对侧手握住脚踝。

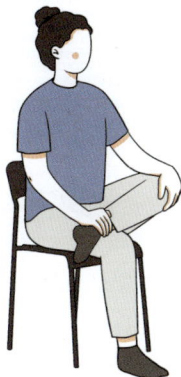

02

主动旋转脚踝至目标肌肉有一定程度的牵拉感。回到起始姿势，重复规定次数。换至对侧重复。

14 多部位拉伸

俯卧 – 脊椎扭转 – 静态

目标肌肉

▶ 髋回旋肌 ▶ 腹直肌 ▶ 腹斜肌

(新手注意点) 胸部尽量不要离开地面。保持均匀呼吸。

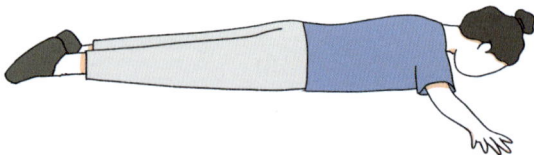

01

俯卧于垫上，双腿伸直略微分开，双臂伸直在身体两侧，并与躯干垂直，掌心向下。

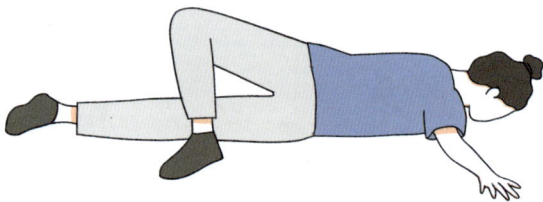

02

一侧腿屈膝，然后躯干向另外一侧的后方旋转，同时屈膝的腿的脚尖够向对侧手臂，并于对侧臀部外侧附近着地，直至腹部肌群有中等强度的拉伸感，保持该姿势至规定时间。换至对侧重复。

超简单拉伸速查手册：人人都可以找回身体松弛感

102

跪姿 – 婴儿式（双臂伸出）– 静态

目标肌肉

▶ 胸大肌 ▶ 髋屈肌 ▶ 背阔肌 ▶ 斜方肌

新手注意点 颈部和肩部放松。

01 双膝跪地，躯干俯身至髋关节呈90度角，双臂伸直并略外展，掌心向下按于地面。

02 臀部向后坐，躯干靠向地面至目标肌肉有中等程度的牵拉感。保持该姿势至规定时间。

仰卧 - 脊椎旋转 - 动态

〃 目标肌肉

▶ 臀肌 ▶ 躯干屈伸肌 ▶ 躯干旋转肌 ▶ 胸肌

（新手注意点） 背部尽量不要离开地面，保持均匀呼吸。

仰卧，双膝屈曲，双脚支撑于地面，双臂侧平举放在地面上，
掌心朝上。将臀部和双膝最大程度地向身体一侧扭转至目标肌
肉有中等程度的牵拉感。回到起始姿势，重复以上步骤至规定
次数。换至对侧重复。

超简单拉伸速查手册：人人都可以找回身体松弛感

104

站姿-椅子式-动态

目标肌肉

▶ 跟腱 ▶ 比目鱼肌 ▶ 臀肌 ▶ 腹肌

(新手注意点) 肩部下沉，避免耸肩。先关注正确发力的感觉，再关注抬起高度。

01
双脚开立，双腿屈膝，双脚支撑于地面，上身前倾，保持背部挺直，双臂伸直置于体侧。

02
双肩下沉，手臂伸直向上直至最大幅度，有控制地回到起始姿势，重复上述步骤至规定次数。

站姿 - 勇士式 - 动态

目标肌肉

▶ 髋屈肌 ▶ 内收肌 ▶ 背阔肌 ▶ 腹肌

新手注意点 双脚用力向下踩地，双手用力向上伸展。膝关节不要超过脚尖或内扣。

01

身体呈分腿姿，一侧腿屈膝在前，脚尖朝前，另一侧腿伸直在后，脚尖旋外90度。

02

双臂伸直过头顶指向天空，掌心相对，双手与身体向上伸展。回到起始姿势。重复以上步骤至规定次数。换至对侧重复。

站姿 - 燕式平衡 - 动态

目标肌肉

▶ 腘绳肌 ▶ 臀肌 ▶ 背阔肌

新手注意点 骨盆两侧保持水平，动作末端身体呈一条直线。

01
双脚并拢站立，脚尖向前，背部平直，双臂自然垂于身体两侧。

02
向前俯身的同时向前伸展双臂，并且向后伸出一侧腿至目标肌肉有一定程度的牵拉感。回到起始姿势，重复以上步骤至规定次数。换至对侧重复。

站姿 - 反向三角式 - 动态

目标肌肉

▶ 腘绳肌 ▶ 臀肌 ▶ 胸腰椎回旋肌 ▶ 胸肌

(新手注意点) 核心收紧，背部挺直。动作不宜过快，注意感受肌肉的牵拉感。

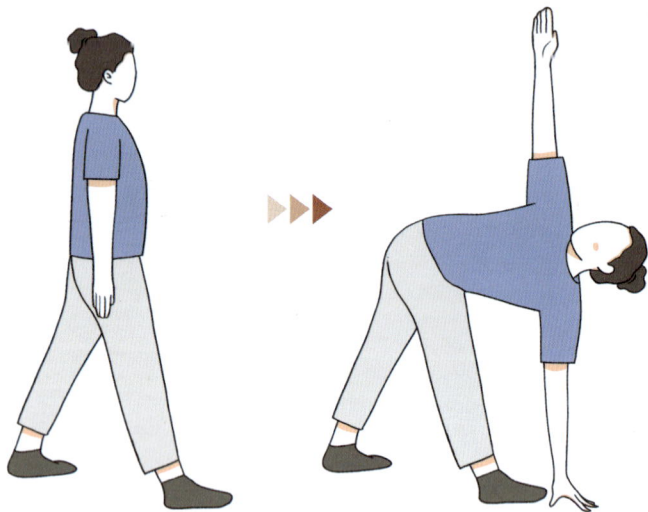

01

双脚前后站立，远大于肩宽，一侧腿伸直在前，脚尖向前，对侧脚伸直在后，脚尖外旋90度。

02

两臂抬至身体两侧，与肩同高，上半身旋转，面向前侧的腿，躯干前倾，用下面的手触碰地面，上面的手指向天空，眼睛看向上面的手，使目标肌肉有一定程度的牵拉感。保持该姿势1~2秒，回到起始姿势，换至对侧重复。两侧交替进行，重复动作至规定次数。

坐姿 - 牛面式 - 静态

/// 目标肌肉

▶ 肱三头肌   ▶ 三角肌前束   ▶ 背阔肌

(新手注意点) 避免耸肩，保持均匀呼吸。

坐姿，双腿交叉盘坐，一侧腿位于对侧腿的上方，双腿尽量靠近身体。在上面腿的一侧的手臂举过头顶后屈肘，对侧手臂伸过背后屈肘，两手在体后相扣至目标肌肉有一定程度的牵拉感。保持该姿势至规定时间。换至对侧重复。

坐姿 - 星式 - 静态

目标肌肉

▶ 内收肌 ▶ 躯干伸肌（下腰背）

(新手注意点) 核心收紧，背部挺直。动作不宜过快，注意感受肌肉的牵拉感。

01 坐姿，双腿屈膝，双脚脚掌相对并拢于身前。

02 躯干前倾至双腿之间的同时双手放在脚踝下面并抓住脚踝至目标肌肉有一定程度的牵拉感，保持该姿势至规定时间。

站姿 - 树式 - 静态

目标肌肉

▶ 下肢侧屈肌 ▶ 躯干侧屈肌 ▶ 胸肌

新手注意点 核心手收紧，肋骨不要外翻。

01

双脚并拢站立，挺胸
直背，目视前方，手
臂自然垂于身体两侧。

02

双臂伸直举过头顶，双手在头顶
正上方合十并尽量向上伸。左腿
屈膝，踩在右腿大腿内侧，保持
单腿站立姿势至规定时间。换至
对侧重复。

坐姿 - 贵族式 - 动态

目标肌肉

▶ 腘绳肌 ▶ 躯干伸肌（下腰背）

（新手注意点） 核心收紧，背部挺直。动作不宜过快，注意感受肌肉的牵拉感。

01 坐姿，背部平直，双腿伸直在身体前方，双臂伸直过顶。

02 以髋为轴向前俯身，最大程度地靠近双腿至目标肌肉有一定程度的牵拉感。回到起始姿势，重复以上步骤至规定次数。

仰卧 - 快乐宝贝式 - 静态

目标肌肉

▶ 臀肌　▶ 梨状肌　▶ 躯干伸肌（下腰背）　▶ 腘绳肌

(新手注意点) 核心收紧，背部挺直。动作不宜过快，注意感受肌肉的牵拉感。

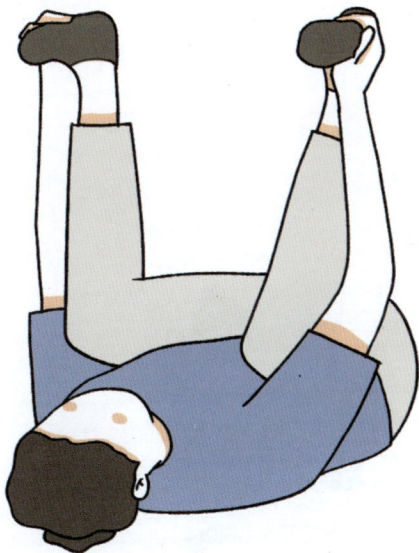

仰卧于垫上，双腿弯曲，双脚踩在垫上，双手自然放置于身体两侧。核心肌肉收缩，有控制地抬起双腿，将大腿尽量贴近胸部，双手去抓双脚，保持该姿势至规定时间。

站姿 - 半月式 - 动态

目标肌肉

▶ 腘绳肌 ▶ 内收肌 ▶ 胸肌

新手注意点 双腿保持伸直，初次尝试此动作时，可在手支撑的位置放置一块瑜伽砖，帮助稳定身体。

01

双脚并拢站立，双臂自然垂于身体两侧。

02

保持背部挺直，躯干前倾，双手撑地。支撑腿一侧手扶在地面上，然后使身体转向对侧，将对侧腿抬离地面，对侧手臂向上伸展，使肩、髋、膝、踝部呈一条直线，转动头部看向上面的手，使目标肌肉有一定程度的牵拉感。保持该姿势1~2秒，回到起始姿势，换至对侧重复。两侧交替进行，重复动作至规定次数。

超简单拉伸速查手册：人人都可以找回身体松弛感

坐姿 - 鸽子式 - 静态

目标肌肉

▶ 臀肌　▶ 髂腰肌　▶ 股四头肌　▶ 梨状肌

新手注意点　核心收紧，背部挺直。动作不宜过快，注意感受肌肉的牵拉感。保持骨盆正对前方。

01　坐在地板上，左腿屈膝置于身前，右腿向后伸直，双臂伸直支撑身体。

02　右手抓住右脚脚踝使右腿屈膝上抬，使臀肌有一定程度的牵拉感，保持该姿势至规定时间。换至对侧重复。

四点支撑 - 下犬式 - 静态

目标肌肉

▶ 腘绳肌 ▶ 腓肠肌 ▶ 臀肌 ▶ 躯干伸肌（下腰背）

(新手注意点) 若膝盖伸直的情况下脚后跟无法着地，可适当弯曲双腿。

01 双膝跪地，足跟抬起，双手撑地，手臂伸直。

02 臀部拱起，双臂与躯干呈一条直线，同时双脚脚跟缓慢踩向地面并伸直双膝，直至目标肌肉有中等程度的牵拉感。保持拉伸姿势至规定时间。

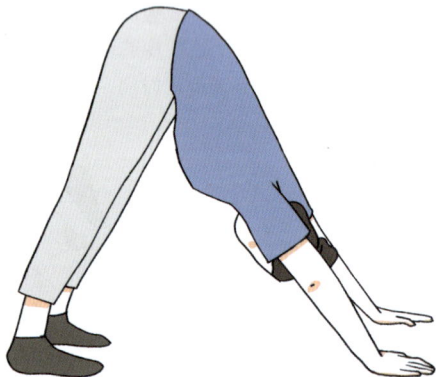

俯卧 - 上犬式 - 静态

目标肌肉

▶ 腹肌

(新手注意点) 在背部没有过大挤压感的前提下，髋部尽可能接触地面，推离躯干至有牵拉感。

01 身体呈四点支撑跪姿，双膝跪地，双手伸直撑地，两侧大腿和双臂垂直于地面，核心收紧，腰背挺直。

02 双臂伸直撑地不动，充分伸髋，使髋关节贴近地面，双腿伸直，躯干保持直立。保持该姿势至规定时间。

站姿 - 三角式 - 动态

/// 目标肌肉

▶ 内收肌 ▶ 胸腰椎回旋肌 ▶ 背阔肌 ▶ 髋外展肌

(新手注意点) 核心收紧，背部挺直。动作不宜过快，注意感受肌肉的牵拉感。
保持骨盆正对前方。

01 双脚开立，远大于肩
宽，双腿伸直，双臂
侧平举。

02 一侧脚脚尖外旋90度，朝
着外旋脚的方向屈曲上身，
上面的手指向天空，下面
的手扶住胫骨或者脚踝，
眼睛看着上面的手，使目
标肌肉有一定程度的牵拉
感。保持该姿势1~2秒，
回到起始姿，换至对侧重
复。两侧交替进行，重复
动作至规定次数。

俯卧 - 婴儿式 - 静态

目标肌肉

▶ 背阔肌　▶ 躯干伸肌

(新手注意点) 颈部和肩部放松。

01 跪姿，双膝分开与髋同宽，踝关节位于髋部正下方，足背与额头贴于地板上，双臂分开与肩同宽，并在头顶前方伸展。

02 双臂弯曲，双手收回放置在躯干两侧，头部向躯干侧收回，保持该姿势至规定时间。

站姿 - 前屈式 - 静态

/// **目标肌肉**

▶ 腘绳肌 ▶ 腓肠肌 ▶ 臀肌 ▶ 躯干伸肌（下腰背）

（新手注意点）颈部和肩部放松。

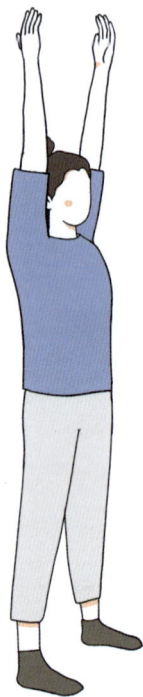

▶▶▶

01
双脚分开，与肩同宽，双臂伸直举过头顶。

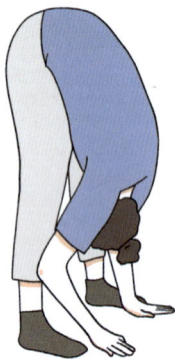

02
俯身使头最大程度地靠近膝关节并将双手置于地面上至目标肌肉中有中等程度的牵拉感。保持该姿势至规定时间。

超简单拉伸速查手册：人人都可以找回身体松弛感

120

仰卧 - 四腿桌 - 动态

目标肌肉

▶ 三角肌 ▶ 腹肌 ▶ 肱二头肌 ▶ 髋屈肌 ▶ 腕部屈肌

(新手注意点) 肩关节位于双手正上方，膝关节位于脚踝正上方。保持均匀呼吸。

01 坐姿，双腿向前屈膝支撑于地面，双脚分开与髋同宽，双手撑于体后，手指指向前方。

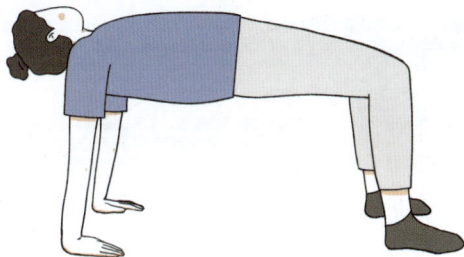

02 将髋部向上抬起，最大程度地使膝、髋、躯干与肩部平行于地面至目标肌肉有一定程度的牵拉感。回到起始姿势，重复以上步骤至规定次数。

仰卧-反式平板-静态

目标肌肉

▶ 三角肌 ▶ 胸肌 ▶ 肱二头肌 ▶ 腕部屈肌

(新手注意点) 肩关节位于双手正上方，脚尖绷直。

01 坐姿，双腿向前伸直支撑于地面，双脚并拢，双手撑于体后，手指指向前方。

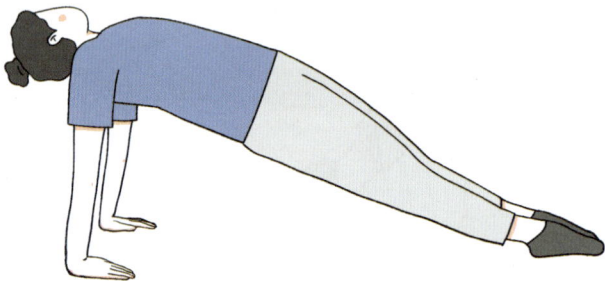

02 将髋部向上抬起，最大程度地使踝、膝、髋、躯干与肩部呈一条直线，至目标肌肉有中等程度的牵拉感。保持该姿势至规定时间。

超简单拉伸速查手册：人人都可以找回身体松弛感

跪姿 - 骆驼式 - 静态

目标肌肉

▶ 腹肌 ▶ 三角肌 ▶ 肱二头肌 ▶ 髋屈肌 ▶ 股四头肌
▶ 胫骨前肌

(新手注意点) 避免耸肩，保持均匀呼吸。

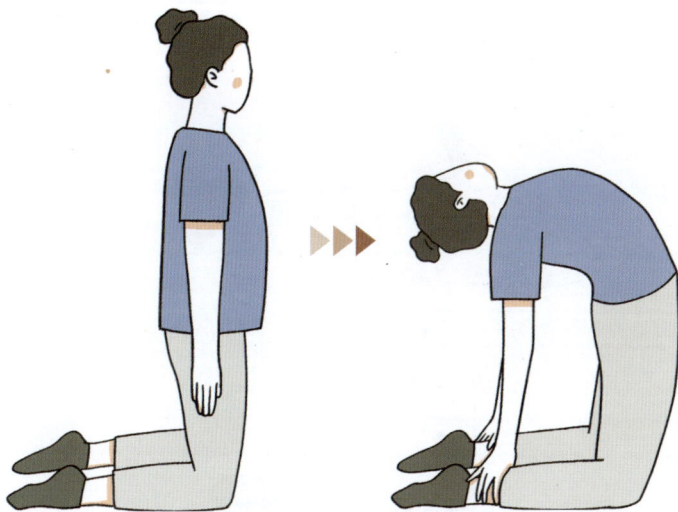

01 跪姿，双脚脚尖绷直，小腿撑于地面，双手自然垂于身体两侧。

02 头部后伸，身体后倾形成弓形，双臂后伸抓住各自脚踝至目标肌肉有一定程度的牵拉感。保持该姿势至规定时间。

俯卧 - 弓式 - 动态

〰 目标肌肉

▶ 腹肌 ▶ 三角肌 ▶ 髋屈肌 ▶ 股四头肌 ▶ 胸肌

新手注意点 避免耸肩，保持均匀呼吸。

01 身体呈俯卧姿，双腿后伸，双手抓住同侧脚的脚背或脚踝，目视地面。

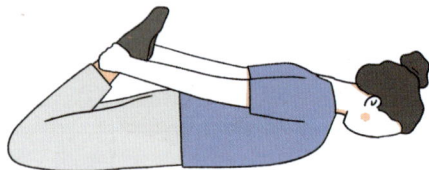

02 头部后仰，躯干后倾呈弓形，同时双手向上拉动脚背或脚踝使双膝离地，直至目标肌肉有中等程度的牵拉感。回到起始姿势，重复以上步骤至规定次数。

超简单拉伸速查手册：人人都可以找回身体松弛感

站姿 - 鹰式 - 静态

目标肌肉
- ▶ 菱形肌 ▶ 臀肌

⸻⸻⸻⸻⸻⸻⸻⸻⸻⸻⸻⸻⸻⸻⸻⸻⸻⸻⸻⸻⸻⸻⸻⸻

(新手注意点) 颈部和肩部放松。

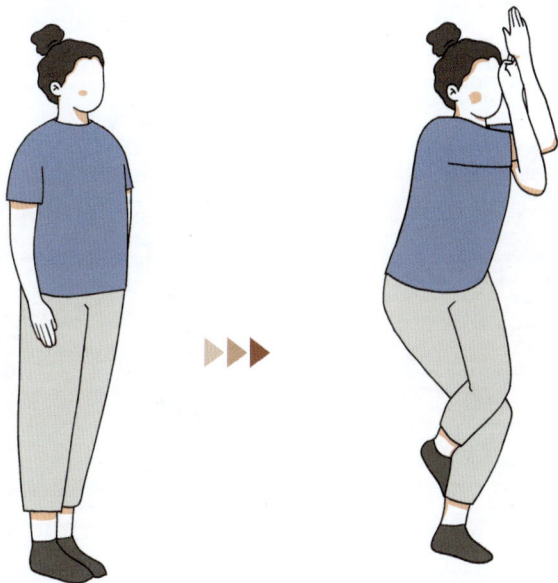

| 01 | 双脚并拢站立，双臂自然垂于身体两侧。 |

| 02 | 屈曲一侧膝关节，将这一侧膝关节抬至另一侧大腿上，用脚缠绕支撑腿。支撑腿侧的手臂在前与另一侧手臂交叉，手掌并拢，手指向上，使目标肌肉有一定程度的牵拉感。保持该姿势至规定时间。换至对侧重复。 |

站姿 - 最伟大拉伸 - 动态

目标肌肉

▶ 耻骨肌 ▶ 长收肌 ▶ 大收肌 ▶ 胸大肌 ▶ 腘绳肌

(新手注意点) 膝关节不要超过脚尖或内扣。动作不宜过快，注意感受肌肉的牵拉感。

01 站立，左脚上抬。

02 左脚向前一大步。

03 身体前倾俯身，右手撑地，左肘屈肘靠近左脚内侧。

04 身体向右旋转，躯干发力，左臂伸直向上，手指向天空，左右臂与肩部呈一条直线。

05 左手缓慢地落在左脚的外侧，右脚向前小半步。身体重心后移，前腿后腿伸直，前腿可以勾脚，延伸脊柱，慢慢地收回右脚，完成单侧的动作。回到起始姿势，重复以上步骤至规定次数。换至对侧重复。

站姿 - 舞王 - 动态

目标肌肉

▶ 股四头肌 ▶ 髂腰肌 ▶ 臀肌 ▶ 腘绳肌

(新手注意点) 骨盆两侧保持水平，动作末端身体呈一条直线。

01

双脚并拢站立，脚尖向前，背部平直，双臂自然垂于身体两侧。

02

一侧腿向后屈膝，同侧手抓住脚踝，对侧手抬起。向前俯身的同时抬起腿一侧向上移动，直至目标肌肉有一定程度的牵拉感。回到起始姿势，重复以上步骤至规定次数。换至对侧重复。

超简单拉伸速查手册：人人都可以找回身体松弛感

蹲姿 - 相扑式拉伸 - 动态

目标肌肉

▶ 腘绳肌　▶ 比目鱼肌　▶ 腓肠肌

新手注意点　背部挺直，保持均匀呼吸。

01

双脚开立，与肩同宽，背部挺直，腹部收紧，双臂自然垂于身体两侧，俯身抓住脚尖，保持双腿呈直膝状态。

02

下蹲，髋部贴向地面，双手置于两膝内侧，挺胸直背，拉伸动作保持1到2秒。回到起始姿势，重复以上步骤至规定次数。

15 热身拉伸

俯身 – 钟摆腿 – 动态

目标肌肉

▶ 髋回旋肌 ▶ 臀肌 ▶ 髋外展肌 ▶ 内收肌

(新手注意点) 背部挺直，动作过程中始终双脚并拢。

01 俯卧，四点支撑于垫上，躯干保持挺直，双臂伸直置于肩关节正下方。双脚并拢，脚尖着地。

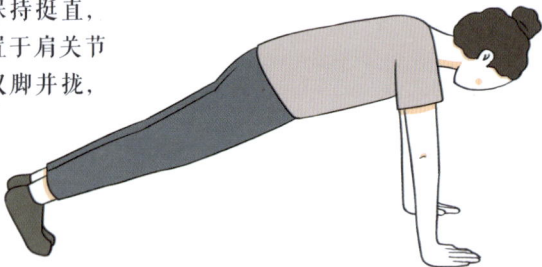

02 双腿向腹部收缩，屈膝屈髋约90度。然后伸展回到支撑位，回到起始姿势。重复以上步骤至规定的次数。

超简单拉伸速查手册：人人都可以找回身体松弛感

站姿 - 滑步 - 动态

/// 目标肌肉

▶ 腿部和臀部肌群

新手注意点 动作过程中始终保持躯干挺直且稳定。

01 站立，双脚与肩同宽，双臂侧
平举。

02 屈膝，一侧腿向一侧滑动，同时另一只脚保持稳定。滑动至目标
肌肉（如髋内收肌）有一定程度的牵拉感。保持身体平衡，然后
缓慢回到起始姿势。重复上述步骤至规定次数后，换至对侧重复。

蹲姿 - 抬臂 - 动态

目标肌肉

▶ 腹斜肌 ▶ 背阔肌 ▶ 躯干伸肌(下腰背) ▶ 臀肌

(新手注意点) 抬臂吸气，还原呼气。背部挺直。

01 双脚开立，间距大于肩宽，下蹲，背部平直，双手触地。

02 屈髋屈膝下蹲至大腿与小腿贴合，腰背挺直，双手握住脚面。躯干转向一侧，同时该侧手臂伸直向上举，直至该侧腰部外侧肌群有中等强度拉伸感，保持该姿势1~2秒，换至对侧重复。两侧交替进行，重复动作至规定次数。

超简单拉伸速查手册：人人都可以找回身体松弛感

仰卧 - 直腿抬高 - 静态

目标肌肉

▶ 腘绳肌 ▶ 腓肠肌 ▶ 臀肌 ▶ 躯干伸肌(下腰背)

(新手注意点) 抬起腿膝关节尽可能保持伸直，保持均匀呼吸。

01 身体平躺，背部紧贴地面，双手放在身体两侧，手掌朝下。一条
腿保持伸直，另一条腿弯曲，脚跟放在伸直腿的膝盖一侧。

02 慢慢抬起伸直的腿，直至臀部和大腿后侧肌肉感到牵拉。保持这
个姿势至规定时间。换至对侧重复。

133

跪撑 – 胸椎旋转 – 动态

/// 目标肌肉
▶ 胸部肌肉

（新手注意点） 全程保持均匀呼吸。

01 呈俯身跪姿，右手伸直撑地，左手放在头后，背部保持平直。

02 保持下肢及髋关节稳定，以胸椎为轴，头部及躯干向右旋转，直至左肘碰到右臂。

03 躯干及头部向左旋转，目视上方，直至躯干前部有中等程度的牵拉感；保持2秒后回到起始姿势，重复动作至规定次数。换至对侧重复。

坐姿 - 下腰部拉伸 - 静态

目标肌肉

▶ 腰部肌群 ▶ 背部肌群

（新手注意点）重点注意腰腹部发力。

呈坐姿，右腿伸直，将左脚置于右膝的外侧，将右肘抵于左膝的外侧，左手置于臀部正后方 30-40 厘米处并用力向地面上推，右肘发力推动左膝向右移动，头部和躯干向身体左后方旋转，直至下腰背有中等程度的牵拉感，保持该姿势至规定的时间。换至对侧重复。

弓步-提膝-动态

目标肌肉

▶ 臀肌　▶ 腹肌　▶ 躯干伸群（下腰背）

(新手注意点) 核心收紧。大腿前摆至身体前方，保持屈膝屈髋 90 度。

01　双脚前后站立，身体呈弓箭步姿势，两脚尖朝前，前腿屈膝屈髋 120 度，后腿伸直，脚尖撑地，挺胸抬头，目视前方，下颌收紧，两臂屈曲，双手置于腰部两侧。

02　前腿支撑，后腿蹬地向前，带动前摆，屈髋屈膝 90 度，勾脚尖，回到起始姿势。左右两侧交替进行，完成规定的次数。

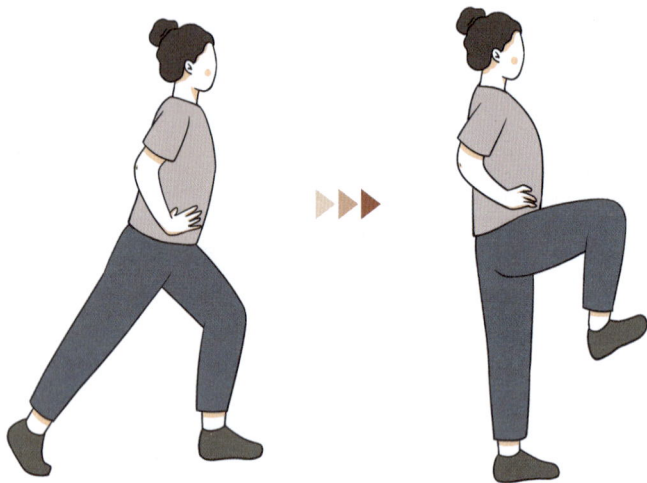

超简单拉伸速查手册：人人都可以找回身体松弛感

站姿 - 抱膝 - 动态

目标肌肉

▶ 臀部肌肉　▶ 腘绳肌

`新手注意点` 核心收紧，背部挺直，抬起腿勾脚尖。

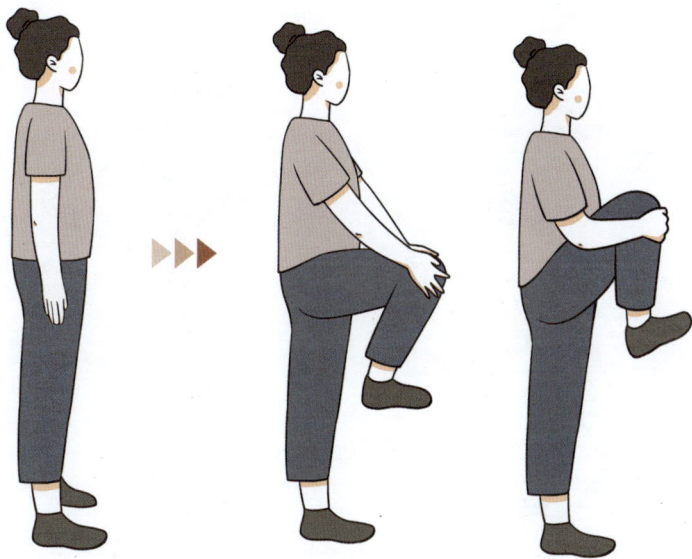

`01` 站立，双脚间距与肩同宽。

`02` 抬起一只脚，用双手抱住膝盖，尽量将膝盖拉近胸部。保持身体平衡，对侧腿保持伸直或轻微弯曲。保持拉伸姿势几秒钟，然后缓慢放下抱膝侧的脚，回到起始姿势，换至对侧重复。重复以上步骤至规定次数后。

站姿 - 斜抱腿 - 动态

目标肌肉
▶ 臀肌

(新手注意点) 核心收紧，背部挺直。

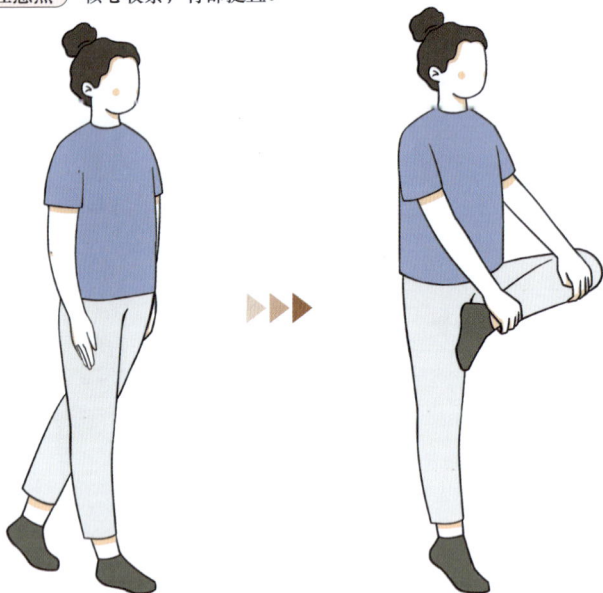

▶▶▶

01 双脚前后站立，抬头挺胸，腹部收紧，右腿向前迈步，身体呈运动分腿姿。

02 将左侧腿部抬起，左手扶膝，右手抬起脚踝，右脚踮起脚尖，左侧臀大肌收紧，动作保持1到2秒。向前迈左腿，换对侧重复刚才的动作，循环进行，至完成规定次数。在拉伸过程中，胸部保持挺直，支撑腿侧臀大肌收紧。

第 3 章

健康拉伸

针对不同人群、不同问题的健康拉伸方案

儿童拉伸

站姿 - 颈部斜后与斜前侧拉伸 - 静态
2-3组，每组10~30秒
第13页

站姿 - 双手叉腰胸部拉伸 - 静态
3组，每组10~30秒
第37页

站姿 - 单手后伸、下压 - 静态
2-3组，每组10~30秒
第25页

站姿 - 旋转飞行式 - 静态
2-3组，每组10~30秒
第26页

站姿 - 侧向推髋 - 静态
2-3组，每组10~30秒
第61页

站姿 - 跖屈肌拉伸 - 静态
2-3组，每组10~30秒
第91页

超简单拉伸速查手册：人人都可以找回身体松弛感

02　青少年拉伸

站姿 - 双手扶脑后
胸部拉伸 - 动态
3组，每组10次
第35页

站姿 - 旋转飞
行式 - 静态
2-3组，每组10~30秒
第26页

坐姿 - 牛面式 - 静态
2-3组，每组10~30秒
第109页

站姿 - 树式 - 静态
2-3组，每组10~30秒
第111页

坐姿 - 贵族式 - 动态
3组，每组10次
第112页

坐姿 - 星式 - 静态
3组，每组10~30秒
第110页

03 中老年拉伸

站姿 - 颈部斜后与斜前侧拉伸 静态
2~3组，每组10~30秒
第13页

站姿 - 颈部旋转拉伸 - 动态
3组，每组10次
第14页

站姿 - 胸小肌拉伸 - 静态
3组，每组10~30秒
第38页

站姿 - 弓形 - 动态
3组，每组10次
第54页

站姿 - 双手交叉向后伸展 - 静态
2~3组，每组10~30秒
第18页

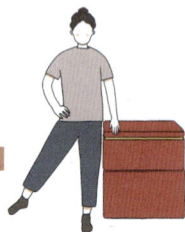

站姿 - 侧抬腿 - 动态
3组，每组10次
第57页

04 伏案者拉伸

坐姿 - 四方向
颈屈伸 - 动态
3组，每组10次
第15页

站姿 - 颈部旋
转拉伸 - 动态
3组，每组10次
第14页

站姿 - 手掌固定
躯干扭转 - 静态
2~3组，每组10~30秒
第34页

站姿 - 双手扶脑后
胸部拉伸 - 动态
3组，每组10次
第35页

站姿 - 前屈式 - 静态
2~3组，每组10~30秒
第120页

弓步 - 对角拉伸 - 静态
2~3组，每组10~30秒
第64页

站姿 - 胸小肌
拉伸 - 静态
3组，每组10~30秒
第38页

站姿 - 交叉托臂 -
静态
2~3组，每组10~30秒
第22页

站姿 - 单腿屈髋 - 动态
2~3组，每组10次
第84页

站姿 - 躯干侧屈扶墙
拉伸 - 静态
2~3组，每组10~30秒
第46页

弓步 - 侧向伸展 -
静态
2~3组，每组10~30秒
第66页

半跪姿 - 前倾拉伸 -
动态
3组，每组10次
第80页

超简单拉伸速查手册：人人都可以找回身体松弛感

06 久站者拉伸

站姿 - 骨盆前后倾斜 - 动态
3组，每组10次
第43页

半跪姿 - 起跑者弓步 - 静态
2-3组，每组10~30秒
第65页

站姿 - 侧弓步 - 静态
2~3组，每组10~30秒
第69页

站姿 - 屈膝 - 静态
3组，每组10~30秒
第78页

跪姿 - 屈膝坐 - 静态
2~3组，每组10~30秒
第81页

坐姿 - 比目鱼肌拉伸 - 静态
2~3组，每组10~30秒
第97页

坐姿 - 四方向
颈屈伸 - 动态
3组，每组10次
第15页

站姿 - 双手扶脑后
胸部拉伸 - 动态
3组，每组10次
第35页

站姿 - 旋转飞行式 -
静态
2-3组，每组10~30秒
第26页

站姿 - 胸小肌拉伸 -
静态
3组，每组10~30秒
第38页

站姿 - 腕部伸肌与
屈肌拉伸 - 静态
2-3组，每组10~30秒
第29页

站姿 - 手指屈曲
推拉 - 动态
3组，每组10次
第33页

超简单拉伸速查手册：人人都可以找回身体松弛感

08 手机党拉伸

坐姿 - 四方向颈
屈伸 - 动态
3组，每组10次
第15页

坐姿 - 颈部侧
屈拉伸 - 静态
2~3组，每组10~30秒
第12页

站姿 - 过顶后推
拉伸 - 静态
2~3组，每组10~30秒
第28页

站姿 - 交叉托臂 - 静态
2~3组，每组10~30秒
第22页

站姿 - 旋转手臂 -
动态
3组，每组10次
第21页

站姿 - 腕部伸肌与
屈肌拉伸 - 静态
2~3组，每组10~30秒
第29页

坐姿 - 扭转 - 静态
2-3组，每组10-30秒
第48页

坐姿 - 跨坐 - 动态
3组，每组10次
第72页

俯卧 - 眼镜蛇式 - 静态
3组，每组10-30秒
第53页

坐姿 - 蝶式体
前屈 - 动态
3组，每组10次
第74页

侧卧 - 旋转 - 动态
3组，每组10次
第63页

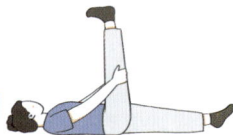

仰卧 - 伸膝 - 动态
3组，每组10次
第85页

超简单拉伸速查手册：人人都可以找回身体松弛感

10　消除全身疲惫

站姿 - 颈部斜后与斜
前侧拉伸 - 静态
　2~3组，每组10~30秒
　第13页

站姿 - 颈部旋转
拉伸 - 动态
　3组，每组10次
　第14页

站姿 - 三角式 - 动态
2~3组，每组10次
第118页

站姿 - 树式 - 静态
2~3组，每组10~30秒
第111页

站姿 - 躯干侧屈
扶墙拉伸 - 静态
2~3组，每组10~30秒
第46页

站姿 - 屈膝 -
静态
3组，每组10~30秒
第78页

11 消除腿部水肿

仰卧 -4 字拉伸 - 静态
2-3组，每组10-30秒
第58页

仰卧 - 双腿抬高外展 - 静态
2-3组，每组10-30秒
第76页

四点支撑 - 下犬式 -
静态
2-3组，每组10-30秒
第116页

侧卧 - 屈膝拉伸 -
静态
2-3组，每组10-30秒
第77页

俯撑 - 比目鱼拉伸 - 动态
3组，每组10次
第92页

蹲姿 - 相扑式拉伸 - 动态
3组，每组10次
第129页

12 预防改善肩颈酸麻

站姿 - 颈部斜后与斜前侧拉伸 - 静态
2~3组，每组10~30秒
第13页

站姿 - 颈部旋转拉伸 - 动态
3组，每组10次
第14页

站姿 - 双手交叉向后伸展 - 静态
2~3组，每组10~30秒
第18页

站姿 - 双手扶脑后胸部拉伸 - 动态
3组，每组10次
第35页

俯身 - 对侧拉伸 - 动态
3组，每组10次
第24页

跪姿 - 推肘 - 静态
2~3组，每组10~30秒
第27页

预防改善五十肩

坐姿 - 四方向颈屈伸 - 动态
3组，每组10次
第15页

站姿 - 颈部旋转拉伸 - 动态
3组，每组10次
第14页

站姿 - 交叉托臂 - 静态
2~3组，每组10~30秒
第22页

站姿 - 手掌固定躯干扭转 - 静态
2~3组，每组10~30秒
第34页

站姿 - 过顶后推拉伸 - 静态
2~3组，每组10~30秒
第28页

站姿 - 旋转手臂 - 动态
3组，每组10次
第21页

超简单拉伸速查手册：人人都可以找回身体松弛感

仰卧 -4 字拉伸 - 静态
2~3组，每组10~30秒
第58页

仰卧 - 快乐宝贝式 - 静态
3组，每组10~30秒
第113页

俯卧 - 蛙式跨坐 - 静态
2~3组，每组10~30秒
第73页

侧卧 - 屈膝伸髋拉伸 - 动态
3组，每组10次
第79页

侧卧 - 旋转 - 动态
3组，每组10次
第63页

弓步 - 侧向伸展 - 静态
2~3组，每组10~30秒
第66页

15 预防改善腰背疼痛

站姿 - 扭转 - 动态
3组，每组10次
第47页

站姿 - 躯干侧屈扶
墙拉伸 - 静态
2~3组，每组10~30秒
第46页

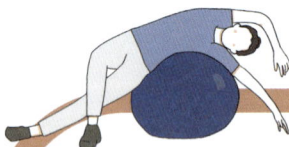

侧卧 - 瑞士球侧向伸展 -
静态
2-3组，每组10~30秒
第49

俯卧 - 瑞士球眼镜蛇式 -
静态
2-3组，每组10~30秒
第52页

跪姿 - 猫式伸展 - 动态
3组，每组10次
第44页

坐姿 - 跨坐 - 静态
2-3组，每组10~30秒
第71页

16 预防改善骨盆歪斜

仰卧 -4 字拉伸 - 静态

2~3组，每组10~30秒
第58页

侧卧 - 旋转 - 动态

3组，每组10次
第63页

侧卧 - 瑞士球侧向伸展 - 静态

2~3组，每组10~30秒
第49页

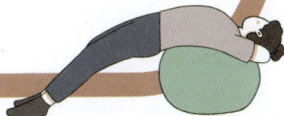

仰卧 - 瑞士球背部滚动 - 动态

3组，每组10次
第56页

坐姿 - 身体前屈腿拉伸 - 静态

2~3组，每组10~30秒
第87页

站姿 - 椅子式 - 动态

3组，每组10次
第105页

预防改善消化不良

站姿 - 躯干侧屈扶墙拉伸 - 静态

2-3组，每组10~30秒

第46页

站姿 - 侧向推髋 - 静态

2-3组，每组10~30秒

第61页

坐姿 - 扭转 - 静态

2-3组，每组10~30秒

第48页

站姿 - 内收侧抬腿 - 动态

3组，每组10次

第68页

仰卧 - 4字拉伸 - 静态

2-3组，每组10~30秒

第58页

仰卧 - 伸膝 - 动态

3组，每组10次

第85页

俯卧 - 脊椎扭转 - 静态

2-3组，每组10~30秒

第102页

18　预防改善失眠焦虑

**坐姿 - 四方向颈屈伸 -
动态**
3组，每组10次
第15页

**站姿 - 颈部斜后与斜
前侧拉伸 - 静态**
2-3组，每组10-30秒
第13页

坐姿 - 颈部侧屈拉伸 - 静态
2-3组，每组10-30秒
第12页

仰卧 - 快乐宝贝式 - 静态
3组，每组10-30秒
第113页

俯卧 - 婴儿式 - 静态
2-3组，每组10-30秒
第119页

侧卧 - 屈膝拉伸 - 静态
2-3组，每组10-30秒
第77页

俯卧 - 上犬式 - 静态
3组，每组10-30秒
第117页

预防改善疲劳无精神

站姿 - 颈部旋转拉伸 - 动态
3组，每组10次
第14页

站姿 - 背后握臂颈部侧屈拉伸 - 静态
2~3组，每组10~30秒
第16页

站姿 - 双手交叉向后伸展 - 静态
2~3组，每组10~30秒
第18页

站姿 - 胸小肌拉伸 - 静态
3组，每组10~30秒
第38页

站姿 - 半月式 - 动态
2~3组，每组10次
第114页

坐姿 - 鸽子式 - 静态
2~3组，每组10~30秒
第115页

俯卧 - 动态弓式 - 动态
3组，每组10次
第124页

第4章

随时随地拉伸

针对不同生活场景的拉伸方案

仰卧 - 直腿抬高 - 静态

2-3组，每组10-30秒

第133页

俯卧 - 眼镜蛇式 - 静态

3组，每组10-30秒

第53页

坐姿 - 蝶式体
前屈 - 动态

3组，每组10次

第74页

坐姿 - 侧向拉伸 - 静态

2-3组，每组10-30秒

第50页

坐姿 - 贵族式 - 动态

3组，每组10次

第112页

坐姿 - 牛面式 - 静态

2-3组，每组10-30秒

第109页

超简单拉伸速查手册：人人都可以找回身体松弛感

俯卧 - 眼镜蛇式 -
静态
3组，每组10-30秒
第53页

侧卧 - 撑地推动拉伸 - 静态
2-3组，每组10-30秒
第51页

仰卧 -4字拉伸 - 静态
2-3组，每组10-30秒
第58页

坐姿 - 跨坐 - 静态
2-3组，每组10-30秒
第71页

仰卧 - 伸膝 - 动态
3组，每组10次
第85页

仰卧 - 双腿抬高外展 -
静态
2-3组，每组10-30秒
第76页

通勤后

站姿 - 骨盆前后倾斜 - 动态
3组，每组10次
第43页

站姿 - 侧向推髋 - 静态
2-3组，每组10-30秒
第61页

站姿 - 扭转 - 动态
3组，每组10次
第47页

站姿 - 躯干侧屈扶墙拉伸 - 静态
2-3组，每组10-30秒
第46页

站姿 - 抱膝 - 动态
3组，每组10次
第137页

站姿 - 屈膝 - 静态
3组，每组10-30秒
第78页

超简单拉伸速查手册：人人都可以找回身体松弛感

162

04　午休时

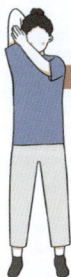

站姿-过顶后推
拉伸-静态
2~3组，每组10~30秒
第28页

站姿-单手扶
墙胸小肌拉
伸-静态
3组，每组10~30秒
第39页

站姿-躯干侧屈扶墙
拉伸-静态
2~3组，每组10~30秒
第46页

站姿-扭转-
动态
3组，每组10次
第47页

站姿-弓形-动态
3组，每组10次
第54页

站姿-舞王-动态
3组，每组10次
第128页

熬夜加班时

坐姿 - 四方向
颈屈伸 - 动态
3组，每组10次
第15页

坐姿 - 颈部侧屈
拉伸 - 静态
2-3组，每组10~30秒
第12页

站姿 - 交叉托臂 -
静态
2-3组，每组10~30秒
第22页

站姿 - 手掌固定
躯干扭转 - 静态
2-3组，每组10~30秒
第34页

站姿 - 三角式 -
动态
2-3组，每组10次
第118页

站姿 - 舞王 - 动态
3组，每组10次
第128页

站姿 - 单腿屈
髋 - 动态
2~3组，每组10次
第84页

站姿 - 跖屈肌拉
伸 - 静态
2~3组，每组10~30秒
第91页

站姿 - 斜抱腿 -
动态
3组，每组10次
第138页

站姿 - 抱膝 - 动态
3组，每组10次
第137页

站姿 - 滑步 - 动态
3组，每组10次
第131页

站姿 - 三角式 - 动态
2~3组，每组10次
第118页

07 看电视时

站姿 - 双手前伸、背部弓起拉伸 - 动态
3组，每组10次
第41页

坐姿 - 抱住动作 - 静态
2~3组，每组10~30秒
第42页

坐姿 - 牛面式 - 静态
2~3组，每组10~30秒
第109页

坐姿 - 贵族式 - 动态
3组，每组10次
第112页

坐姿 - 星式 - 静态
3组，每组10~30秒
第110页

站姿 - 趾屈肌拉伸 - 静态
2~3组，每组10~30秒
第99页

08 繁重家务

站姿-手指屈曲
推拉-动态
3组，每组10次
第33页

站姿-双手叉腰
胸部拉伸-静态
3组，每组10~30秒
第37页

站姿-骨盆前
后倾斜-动态
3组，每组10次
第43页

站姿-双手扶脑后
胸部拉伸-动态
3组，每组10次
第35页

站姿-抱膝-动态
3组，每组10次
第137页

站姿-勇士式-动态
3组，每组10次
第106页

坐姿 – 小腿前侧拉伸 – 静态
2~3组，每组10~30秒
第95页

坐姿 – 牛面式 – 静态
2~3组，每组10~30秒
第109页

站姿 – 背后握臂颈部侧屈拉伸 – 静态
2~3组，每组10~30秒
第16页

站姿 – 侧抬腿 – 动态
3组，每组10次
第57页

站姿 – 屈膝 – 静态
3组，每组10~30秒
第78页

弓步 – 侧向伸展 – 静态
2~3组，每组10~30秒
第66页

站姿 – 侧弓步 – 静态
2~3组，每组10~30秒
第69页

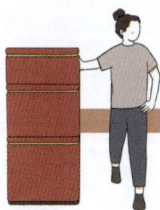

站姿 - 侧向推髋 - 静态
2-3组，每组10~30秒
第61页

站姿 - 手掌固定
躯干扭转 - 静态
2-3组，每组10~30秒
第34页

站姿 - 抱膝 - 动态
3组，每组10次
第137页

站姿 - 屈膝 - 静态
3组，每组10~30秒
第78页

坐姿 - 比目鱼肌
拉伸 - 静态
2-3组，每组10~30秒
第97页

站姿 - 趾屈肌拉伸 - 静态
2-3组，每组10~30秒
第99页

第 5 章

运动拉伸

针对运动前后和十多种运动专项的拉伸方案

01 运动前

站姿 - 双手交叉
向后伸展 - 静态
2~3组，每组10~30秒
第18页

站姿 - 过顶后推拉伸 -
静态
2~3组，每组10~30秒
第28页

站姿 - 单手上举躯
干侧屈拉伸 - 动态
3组，每组10次
第45页

站姿 - 双手扶脑后
胸部拉伸 - 动态
3组，每组10次
第35页

站姿 - 斜抱腿 - 动态
3组，每组10次
第138页

站姿 - 单腿屈髋 - 动态
2~3组，每组10次
第84页

171

02 运动后

站姿-背后握臂颈
部侧屈拉伸-静态
2~3组，每组10~30秒
第16页

站姿 交叉
托臂-静态
2~3组，每组10~30秒
第22页

站姿-双手叉腰
胸部拉伸-静态
3组，每组10~30秒
第37页

站姿-侧弓步-动态
3组，每组10次
第75页

站姿-屈膝-静态
3组，每组10~30秒
第78页

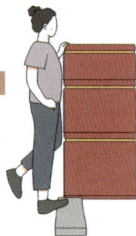

站姿-腓肠肌拉伸-
静态
2~3组，每组5次
第88页

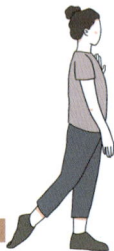

站姿-趾伸肌拉伸-
静态
2~3组，每组10~30秒
第90页

超简单拉伸速查手册：人人都可以找回身体松弛感

03　有氧运动

站姿 - 骨盆前后
倾斜 - 动态
3组，每组10次
第43页

站姿 - 最伟大拉伸 - 动态
3组，每组10次
第126页

站姿 - 滑步 - 动态
3组，每组10次
第131页

站姿 - 屈膝 - 静态
3组，每组10-30秒
第78页

站姿 - 抱膝 - 动态
3组，每组10次
第137页

站姿 - 斜抱腿 - 动态
3组，每组10次
第138页

举重运动

站姿 - 抱膝 - 动态
3组，每组10次
第137页

站姿 - 斜抱腿 - 动态
3组，每组10次
第138页

站姿 - 屈膝 - 静态
3组，每组10-30秒
第78页

站姿 - 舞王 - 动态
3组，每组10次
第128页

站姿 - 三角式 - 动态
2-3组，每组10次
第118页

站姿 - 燕式平衡 - 动态
3组，每组10次
第107页

站姿 - 最伟大拉伸 - 动态
3组，每组10次
第126页

蹲姿 - 相扑式拉伸 - 动态
3组，每组10次
第129页

超简单拉伸速查手册：人人都可以找回身体松弛感

05 远足和健步走

站姿-侧抬腿-动态
3组，每组10次
第57页

站姿-侧向推髋-静态
2~3组，每组10~30秒
第61页

站姿-燕式平衡-动态
3组，每组10次
第107页

站姿-斜抱腿-动态
3组，每组10次
第138页

站姿-舞王-动态
3组，每组10次
第128页

站姿-斜抱腿-动态
3组，每组10次
第138页

钓鱼

站姿 - 双手前伸、背
部弓起拉伸 - 动态
3组，每组10次
第41页

站姿 - 扭转 - 动态
3组，每组10次
第47页

站姿 - 跖屈肌拉伸 - 静态
2-3组，每组10-30秒
第91页

站姿 - 趾伸肌拉伸 -
静态
2-3组，每组10-30秒
第90页

蹲姿 - 相扑式拉伸 - 动态
3组，每组10次
第129页

站姿 - 股四头肌拉伸 -
动态
3组，每组10次
第82页

07 广场舞

站姿 - 颈部旋
转拉伸 - 动态
3组，每组10次
第14页

站姿 - 旋转
手臂 - 动态
3组，每组10次
第21页

站姿 - 过顶后
推拉伸 - 静态
2-3组，每组10-30秒
第28页

站姿 - 双手扶脑后
胸部拉伸 - 动态
3组，每组10次
第35页

站姿 - 反向三
角式 - 动态
2-3组，每组10次
第108页

站姿 - 腓肠肌
拉伸 - 静态
2-3组，每组5次
第88页

跑步

站姿 - 斜抱腿 -
动态
3组，每组10次
第138页

站姿 - 抱膝 -
动态
3组，每组10次
第137页

站姿 - 屈膝 - 静态
3组，每组10~30秒
第78页

站姿 - 侧抬腿 - 动态
3组，每组10次
第57页

单腿蹲 -4 字拉伸 - 静态
2~3组，每组10~30秒
第60页

站姿 - 单腿屈髋 - 动态
2~3组，每组10次
第84页

站姿 - 前屈式 - 静态
2~3组，每组10~30秒
第120页

站姿 - 舞王 - 动态
3组，每组10次
第128页

09　游泳

站姿 - 交叉托臂 - 静态
2~3组，每组10~30秒
第22页

站姿 - 双手扶脑后胸部拉伸 - 动态
3组，每组10次
第35页

站姿 - 双手交叉向后伸展 - 静态
2~3组，每组10~30秒
第18页

站姿 - 过顶后推拉伸 - 静态
2~3组，每组10~30秒
第28页

站姿 - 单手上举躯干侧屈拉伸 - 动态
3组，每组10次
第45页

站姿 - 最伟大拉伸 - 动态
3组，每组10次
第126页

10 羽毛球

站姿 - 手掌固定躯干
扭转 - 静态
2~3组，每组10-30秒
第34页

站姿 - 单手后
伸、下压 - 静态
2~3组，每组10-30秒
第25页

站姿 - 屈膝 - 静态
3组，每组10-30秒
第78页

跪姿 - 推肘 - 静态
2~3组，每组10-30秒
第27页

站姿 - 侧抬腿 - 动态
3组，每组10次
第57页

俯撑 - 单腿脚踝
屈伸 - 动态
3组，每组10次
第89页

超简单拉伸速查手册：人人都可以找回身体松弛感

11 乒乓球

站姿 - 过顶后推
拉伸 - 静态
2-3组，每组10~30秒
第28页

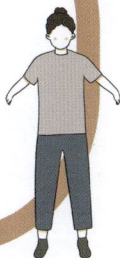

站姿 - 手掌固定
躯干扭转 - 静态
2-3组，每组10~30秒
第34页

站姿 - 飞行式 - 静态
2-3组，每组10~30秒
第17页

站姿 - 单手上举躯
干侧屈拉伸 - 动态
3组，每组10次
第45页

站姿 - 抱膝 - 动态
3组，每组10次
第137页

站姿 - 屈膝 - 静态
3组，每组10~30秒
第78页

自行车

站姿 - 颈部斜后与斜前侧拉伸 - 静态
2~3组，每组10~30秒
第13页

站姿 - 双手叉腰胸部拉伸 - 静态
3组，每组10~30秒
第37页

站姿 - 椅子式 - 动态
3组，每组10次
第105页

站姿 - 扭转 - 动态
3组，每组10次
第47页

站姿 - 侧向推髋 - 静态
2~3组，每组10~30秒
第61页

站姿 - 抱膝 - 动态
3组，每组10次
第137页

站姿 - 内收侧抬腿 - 动态
3组，每组10次
第68页

超简单拉伸速查手册：人人都可以找回身体松弛感

13　篮球

站姿 - 扭转 - 动态
3组，每组10次
第47页

站姿 - 躯干侧屈
扶墙拉伸 - 静态
2~3组，每组10~30秒
第46页

站姿 - 单腿屈髋 - 动态
2~3组，每组10次
第84页

站姿 - 屈膝 - 静态
3组，每组10~30秒
第78页

站姿 - 舞王 - 动态
3组，每组10次
第128页

站姿 - 燕式平衡 -
动态
3组，每组10次
第107页

站姿 - 腕部伸肌与
屈肌拉伸 - 静态
2~3组，每组10~30秒
第29页

14　足球

单腿蹲 -4 字拉伸 - 静态
2~3组，每组10~30秒
第60页

站姿 - 侧向
推髋 - 静态
2~3组，每组10~30秒
第61页

站姿 - 屈膝 - 静态
3组，每组10~30秒
第78页

站姿 - 前屈式 - 静态
2~3组，每组10~30秒
第120页

站姿 - 单腿屈
髋 - 动态
2~3组，每组10次
第84页

站姿 - 燕式平衡 - 动态
3组，每组10次
第107页

站姿 - 跖屈肌拉伸 - 静态
2~3组，每组10~30秒
第91页

蹲姿 - 抬臂 - 动态
2~3组，每组10次
第132页

站姿 - 趾伸肌
拉伸 - 静态
2~3组，每组10~30秒
第90页

184

15 网球

站姿 - 交叉
托臂 - 静态

2~3组，每组10~30秒
第22页

站姿 - 单手上举躯干
侧屈拉伸 - 动态

3组，每组10次
第45页

站姿 - 单腿屈髋 -
动态

2~3组，每组10次
第84页

站姿 - 内收侧
抬腿 - 动态

3组，每组10次
第68页

站姿 - 屈膝 - 静态

3组，每组10~30秒
第78页

站姿 - 跖屈肌
拉伸 - 静态

2~3组，每组10~30秒
第91页

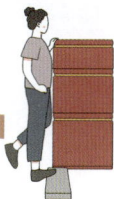

站姿 - 腓肠肌
拉伸 - 静态

2~3组，每组5次
第88页

站姿 - 屈膝脚跟
按压 - 静态

2~3组，每组10~30秒
第93页